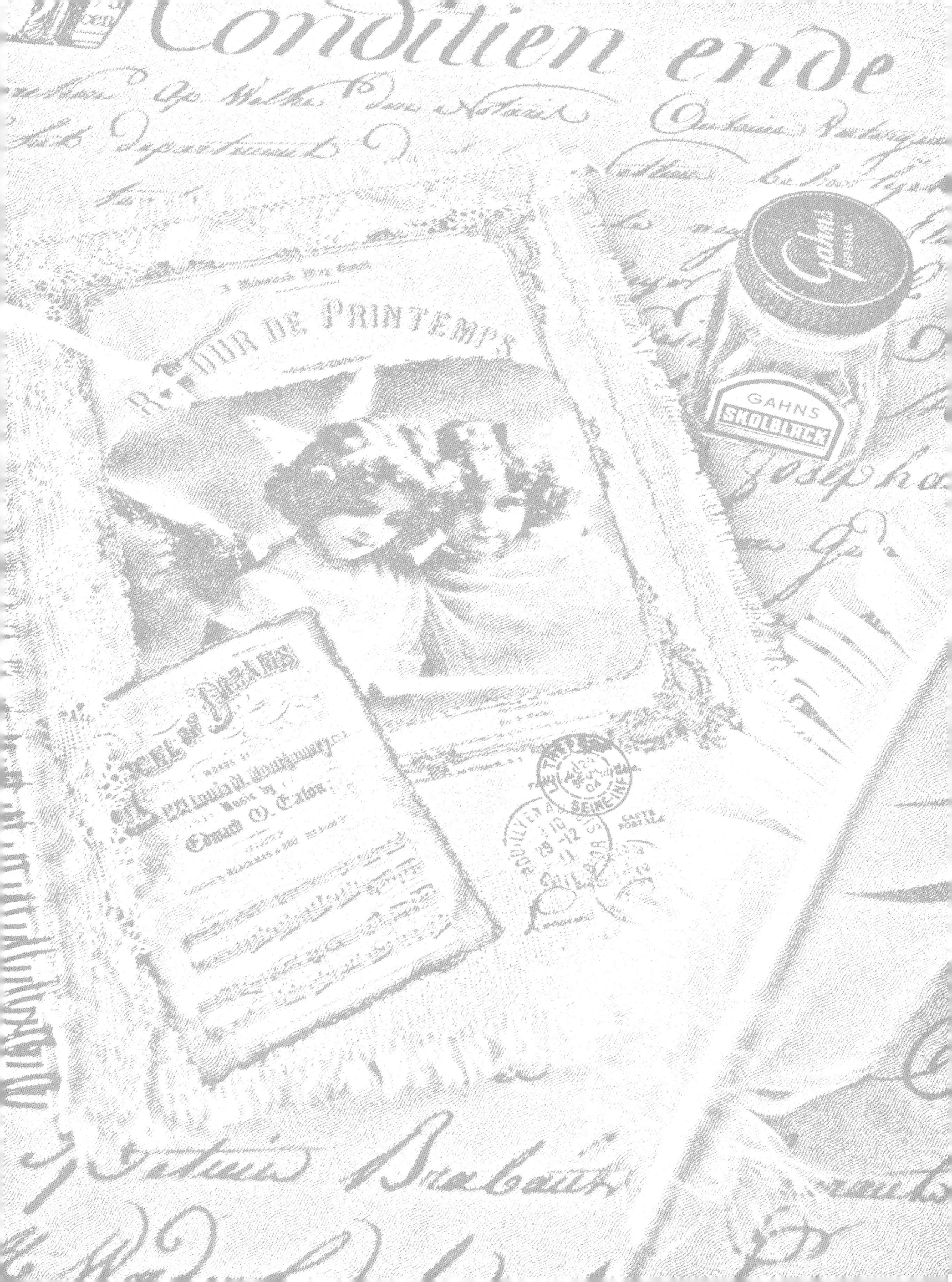
DE PRINTEMPS
GAHNS
SKOLBLACK
SEINE-INF

Ingela Broling & Petra Eriksson

Liebe Leser,

vielleicht kennen Sie uns schon von unserem ersten, 2009 erschienenen Buch „Inspiration in Weiß". Vielleicht sind wir für Sie aber auch ganz neue Gesichter. In diesem Fall möchten wir uns Ihnen gern erst einmal vorstellen. Wir sind zwei Frauen aus Kristinehamn, einer Kleinstadt im schwedischen Värmland, und haben uns vor ein paar Jahren über unsere Blogs kennengelernt. Als wir uns dann persönlich trafen, stellte sich heraus, dass wir beide davon träumten, ein Buch zu gestalten. Gesagt getan – wir nahmen einander an der Hand und sind ins kalte Wasser gesprungen. Das Buch wurde veröffentlicht und es hat uns so beflügelt, dass wir uns gleich darauf ans nächste gemacht haben.

Ingela Broling wohnt zusammen mit ihrem Mann Kalle, ihren beiden zweijährigen Töchtern und der Katze Loppis in einem beinahe einhundert Jahre alten Haus. Solange sie denken kann, hat sie sich für Handarbeit, Blumen und Inneneinrichtung interessiert. Obwohl Ingela schon seit langem eigene Arbeiten verkauft, bestand ihr Broterwerb doch viele Jahre lang darin, Menschen in Krisensituationen beizustehen.

Ingelas Blog: www.inspirationivitt.blogspot.com

Petra Eriksson, ihr Mann Andreas und ihr sechsjähriger Sohn Ossian wohnen in einem neuen, im traditionellen Landhausstil erbauten Haus. Auch Petra hat sich von Kindesbeinen an für Inneneinrichtung interessiert. Nach unzähligen Farbexperimenten, mit denen sie ihre häusliche Umgebung immer wieder verändert hat, hat sie sich auf den für sie typischen Stil eingeschossen, der auch in diesem Buch zum Ausdruck kommt. Auch Petra hat beruflich nichts mit Innendekor zu tun – sie arbeitet als Sozialpädagogin.

Petras Blog: www.romantiskahem.blogspot.com

Ganz lieben Dank

allen, die uns bei diesem Buch geholfen haben! Manche von euch haben sich in der Rolle des Rat- und Ideengebers, des Datentypisten, des Korrektors oder des einfühlsamen Seelentrösters wiedergefunden. Wieder andere von euch waren so großzügig, uns ihre Türen zu öffnen, damit die Leser an eurem wunderbaren und kreativen Lebensraum teilhaben können, den Wohnungen, Gärten, den Familientraditionen und schöpferischen Ideen. Viele der Eigentümer, in deren Wohnungen Sie, liebe Leserinnen und Leser, auf den folgenden Seiten Einblick erhalten werden, unterhalten ein Blog. Am Ende der jeweiligen Abschnitte finden Sie daher stets eine Liste der Fotografien, die in diesem Buch zu finden sind, sowie einen Link zum Blog der Hauseigentümer. So können Sie sich Ihre Favoriten im Internet noch einmal genauer anschauen. Vor allem aber wollen wir unseren Familien herzlich dafür danken, dass sie uns während der Arbeit an diesem Buch so liebevoll unterstützt und inspiriert haben. Schon in unserem ersten Buch „Inspirationen in Weiß" schrieben wir, dass Einrichtung für uns und viele andere zum Lebensstil geworden ist, und wir hoffen, dass diese Auffassung auch in dem vorliegenden Buch zum Ausdruck kommt!

hell & zauberhaft

Über die Kunst, die Schönheit im Alltag zu entdecken und den Alltag mit schönen Dingen zu verzaubern.

Lifestyle premium
BUSSE SEEWALD

Bezugsquellen

Butik Drängstugan, www.butikdrangstugan.blogspot.com

Butik Lanthandeln, www.butiklanthandeln.se

Butik Östergården, www.butikostergarden.blogspot.com

Cottage Rose, www.cottagerose.se • **Ett hus i vitt,** www.etthusivitt.se

Faster Safiras Bod, www.fastersafirasbod.se • **Floristmästarna,** www.floristmastarna.blogspot.com

Frøken Olsen, www.frokenolsensdrommer.blogspot.com • **Heestrand Interiör,** www.heestrandinterior.com

Hem & Hav, www.hemohav.se • **Himlen runt hörnet,** www.himlenrunthornet-blogg.blogspot.com

Hjortgårdens i Kyrkbyn, www.gardsromantik.se • **Home No.1** www.homenumberone.se

Home Of Sisters, www.homeofsisterskristinehamn.blogspot.com • **Humlanz Bod,** www.humlanz.se

Idèmakeriet, www.idemakeriet.se • **Interiörboden,** www.sandrashem.blogspot.com

Kallholmen, www.kallholmen.se • **Karin Linnea,** www.karinlinneainredning.blogg.se

Kärrstegens Gård, www.karrstegensgard.se • **Lantliv,** www.lantlivredning.se

Lobelia, www.lobelia.no • **Lundagård,** www.lundagard.fi

Mig & Alice, www.migoalice.blogspot.com • **Nice,** www.nicepresenter.se

Noll54 Interiör, www.noll54interior.blogspot.com • **Signes Gårdsbutik,** www.signesgardsbutik.se

Små Ting, www.smating.se • **SussiLi,** www.sussili.se • **Talomaalla,** www.talomaalla.fi

Tusen Ting, www.tusenting.com • **Unik kollektion,** www.unikkollektion.blogspot.com

Systrarna Dreamhome, www.systrarnadreamhome.blogspot.com • **Wilda Hem,** www.wildahem.se

Schwedische Originalausgabe:
Ingela Broling & Petra Eriksson
„Lev Vackert"
© 2010 Vitoromantik HB

Deutsche Ausgabe:
© BusseSeewald im frechverlag, Stuttgart 2011
Übersetzung: Frauke Watson
Lektorat: Dr. Christine Schlitt
Satz: Arnold & Domnick, Leipzig
Druck und Bindung: Print Design Druck GmbH, Minden
ISBN 978-3-512-03359-9

Fotos: Die Fotos in diesem Buch stammen von Bloggerinnen, Einrichtungsfirmen, Fotografen, von den Verfasserinnen selbst sowie von Lars Thun. Mehr Informationen zu den Fotos finden Sie weiter hinten in diesem Buch. Hinweise auf die Bloggerinnen und ihre Bilder finden Sie im Einleitungskapitel.

Inhalt

6 • Einleitung
Ein Traumgewebe entfaltet sich • Unser Bestreben, in Schönheit zu leben • Schöne Wohnungen von kreativen Menschen • Mitwirkende Bloggerinnen

46 • Die Zeit der Erwartung
Frühjahrsputz, das neue Jahr mit gründlicher Reinigung des Hauses einleiten und mit dem Alten aufräumen • Tag der Tulpen • Tag der Zärtlichkeit • Liebe! • Champagnerwaffeln • Kaffeeklatsch • Osterglocken, Primeln und Osterküken

64 • Die Zeit der Tatkraft
„Die Welt der Freundschaft zu berauben, ist, als würde man die Erde der Sonne berauben" (M. Tullius Cicero) • Kaninchenparty • Frühling in der Küche • Ein Geschenk für Mutter • Amors Pfeile • Hochzeit, Verlobung, Leidenschaft • Herrliche Tage

86 • Die Zeit des üppigen Grüns
Vier Wände im Freien • Eine einladende Atmosphäre • Lange Tage • Tag der Wildblumen • Die Frauenzimmerwoche • Tanz in der Dämmerung

102 • Die Zeit der Veränderung
Für Siebenschläfer • Schaffenslust • Augustträumereien • Schöne Blumenarrangements • Tassen, Untertassen und Teller • Verschiedene Stimmungen schaffen

124 • Die Zeit der Geruhsamkeit
Den Geist beleben • Eine Orangerie mitten in der Wohnung • Schönheit im Alltag • Mein schönes Badezimmer • Mutter Erde

140 • Die Zeit des Beisammenseins
Wenn das Herbstlaub fällt • Tag der Sahnetorte • Tag der Zimtschnecken • Herbstliche Farbpalette • Gemütlichkeit

152 • Die Zeit der Vorbereitung
Raureif • Kladdkaka-Tag • Novemberfrost • Katzentag

156 • Weihnachtszeit
Advent • Weihnachtsgrüße • Leckere Sachen • Glühwein und Geschenke verpacken • Pfefferkuchentag • Nobeltag • Luziafest • Weihnachtspracht • Weihnachtsabend • Das letzte Fest des Jahres • Anzeigen • Ein denkwürdiger Tag • Ein Herz in der Provence

Einleitung

Mit unserem ersten Buch, „Inspiration in Weiß", wollten wir Anregungen geben, wie Sie ihr Zuhause in eine schöne und einzigartige Umgebung verwandeln können. Es war ein langer und harter Weg bis zum fertigen Buch, aber die Arbeit daran hat uns unglaublich viel Freude gemacht. Und die begeisterten Reaktionen darauf hatten wir uns nicht zu erträumen gewagt – wir werden uns daran immer mit Dankbarkeit erinnern. Ein besonderer Dank gilt dabei denjenigen, die uns so großzügig die Türen zu ihrem Heim geöffnet haben, um uns eine Weile an ihrem Leben teilhaben zu lassen. Dieses Buch hat so vielen Lesern Freude bereitet. Es ist nun einmal ein ganz besonderer Genuss, mit unbefangenem Blick in ganz unterschiedlichen fremden Häusern herumzuschweifen, um sich an der Kreativität der Hausbewohner zu erfreuen und daraus eigene Anregungen zu schöpfen.

Während der Arbeit an diesem Buch hatten wir so viele neue Ideen, dass es nicht lange dauerte, bis in uns der Wunsch erwachte, noch ein zweites Einrichtungsbuch zu machen. Dieses Mal wollten wir uns auf den individuellen Lebensstil konzentrieren, der eine Wohnung so einzigartig macht. Über den Titel „hell & zauberhaft" waren wir uns schnell einig, denn es ist der Inbegriff dessen, wonach wir alle beide in unserem eigenen Leben streben.

Obwohl „hell & zauberhaft" für sich selbst steht, ist es in gewisser Hinsicht eine Fortsetzung von „Inspiration in Weiß". Es gab ganz einfach noch so viele wunderbare Ideen, die wir unbedingt mit unseren Lesern teilen wollten – so viele wunderbare Häuser und Wohnungen, die ins erste Buch keinen Eingang gefunden hatten. Das Resultat daraus halten Sie nun in Händen und wir freuen uns, Ihnen auf den nächsten Seiten zeigen zu dürfen, was wir unter „hell & zauberhaft" verstehen.

Es gibt nichts Wichtigeres als gut zu leben. Aber was ist ein gutes Leben? Darauf gibt es viele verschiedene Antworten und alle haben ihre Berechtigung. Wir möchten Ihnen unsere persönliche Antwort vorstellen, in der Hoffnung, dass Sie daraus ein paar Anregungen für sich selbst beziehen und auf diesen Seiten vielleicht auch die Antwort auf einige Ihrer eigenen Fragen finden werden.

Während uns die Arbeit an diesen Büchern in die Wohnungen unserer fantastischen Bloggerinnen, in Einrichtungsgeschäfte und Buchhandlungen führte, kehrten wir doch abends immer in die eigene Wohnung zurück. So wurde es uns einmal mehr klar, wie unendlich wichtig ein persönliches, schönes Zuhause für das Wohlbefinden ist. Überlegen Sie einmal, wie viel Zeit Ihres Lebens Sie bei sich zu Hause verbringen: die vielen Feste des Jahres und die geselligen Stunden im Kreise von Freunden und Familie, die Mahlzeiten, die Zeiten der Ruhe und Erholung und so fort ... die Liste ist unendlich erweiterbar.

All diese Stunden, Tage und Wochen können Sie mit dem Zauberstab der Fantasie, des Gefühls und der schöpferischen Leidenschaft noch ein wenig schöner machen.

Wir wünschen Ihnen viel Freude dabei!

Schöne Fotos aus dem täglichen Leben, Rezepte, Gedanken und Träume vereinigen sich hier zu einer Quelle der Inspiration.

*Hier zeigen wir Ihnen unsere Lieblingsrezepte für einen Alltag voller Licht und Freude.
Das soll jedoch nicht bedeuten, dass unser Geschmack und Lebensstil der einzig wahre ist. Es gibt so viele
Wege wie Menschen, und es kommt auf das harmonische Zusammenspiel der Zutaten an. Wir hoffen jedoch,
dass in unserem Potpourri der gesammelten Inspirationen für jeden etwas dabei ist.*

*Gehen wir gemeinsam auf Entdeckungsreise – wir hoffen, dass Sie in diesem Buch so viele neue
Entdeckungen machen wie wir selbst während der Arbeit daran!*

Viel Glück dabei und ... leben Sie hell & zauberhaft!

*Alles Liebe
Petra & Ingela*

„Talent ist nichts Besonderes; alle haben es. Etwas Besonderes hingegen ist der Mut, dem Talent dorthin zu folgen, wo es hinführt."

In jedem Raum des Hauses kann man schöne Stunden verbringen.

Villa Grönskog – ein Traum!

Anette Albinsson lebt mit ihrer Familie in einer Villa im Bezirk Jönköping. Die Einrichtung ist für sie immens wichtig, denn sie findet, dass das Zuhause ein Ort sein sollte, an den sich die Familie am Ende eines langen Schul- und Arbeitstages zurücksehnt. In Anettes Heim findet man schöne alte und originelle neue Möbel in harmonischem Miteinander. Jedes Stück hat seine eigene Geschichte und wird in Ehren gehalten. Am Wochenende geht Anette gern auf Flohmärkte und hält nach alten, gern auch ein bisschen verwohnten Möbelstücken und allerlei originellem Krimskrams Ausschau.

Anettes Blog: www.gronskog.blogspot.com

Anette liebt alle Jahreszeiten. Den Sommer mit seinem üppigen Blumenschmuck. Den Herbst mit Kerzenschein und Zeit zur Muße. Den Winter mit der geschäftigen und kreativen Advents- und Weihnachtszeit. Und wenn der Frühling die ersten wärmenden Sonnenstrahlen durchs Fenster wirft, kommt Anettes Heim wohl am allerbesten zur Geltung.

Anettes Einrichtungstipp: Regelmäßige Veränderungen erfrischen Geist und Seele!

Anettes Fotos finden Sie auf den Seiten 12, 13, 62, 104 und 149.

Das Zuhause ist nicht nur der Ort, an dem man wohnt, sondern der Ort, an dem man verstanden wird.

In Emmas weißem Haus

Emma, ihr Mann Marcus und ihr süßes Töchterchen Lia wohnen in einem 1931 erbauten Haus an der schönen Küste von Skellefteå. Sie sind im August 2007 hier eingezogen und haben das Haus in ihrer Freizeit in mühevoller Kleinarbeit von Grund auf renoviert. Es war eine harte Zeit, aber eine wertvolle Erfahrung, und für Emma jede Mühe wert – denn nun erglänzt das Haus in der hellen, lichterfüllen Karl-Larsson-Romantik der vorletzten Jahrhundertwende.

Emmas Blog: www.iemmasvitahem.blogspot.com

Emmas Fotos finden Sie auf den Seiten 6, 14, 15, 51, 75, 77, 102, 112, 113, 115, 120, 157 und 184.

Die schönsten Dinge des Lebens kann man weder sehen noch hören, sondern nur mit dem Herzen erspüren.

Huldas Nostalgie-Haus

Hulda Lyngmo-Slettnes wohnt im norwegischen Oldra. 2009 kaufte sie ihr Traumhaus, das nach seiner langjährigen Bewohnerin allgemein „Ingeborgstua" genannt wurde. Das Haus ist über hundert Jahre alt und es sind noch viele Dinge daran zu machen. Huldas Lieblingsjahreszeit ist der Sommer, denn dann verbringt sie ihre Zeit in ihrem wunderbaren Garten mit Meerblick. Das Haus ist im typischen hellen skandinavischen Einrichtungsstil mit einem Einschlag des französischen Landhausstils gehalten.

Huldas Blog: www.huldals.blogspot.com

Huldas Einrichtungstipp: Erkennen Sie den Charme einfacher Dinge, zum Beispiel eines stoffbezogenen Kastens für Zeitschriften oder eines hübschen Anhängers um eine schlichte Vase ... *Less is more,* findet Hulda und vermeidet daher jede Form von Überladenheit. Ihre dekorativen Stillleben bestehen immer aus je drei Elementen, etwa einer Glasglocke, ein paar Blütenstielen und einer Kerze.

Huldas Fotos finden Sie auf den Seiten 16, 17, 94, 153 und 162.

„Alles sollte so einfach wie möglich sein, aber nicht einfacher." – Albert Einstein

Weiße Ranunkeln

Die Grundschullehrerin Marie lebt mit Mann und zwei Kindern in einer Kleinstadtidylle in Västergötland. Seit sie mit fünf Jahren ein Puppenhaus geschenkt bekam, sind Basteln und Einrichten ihre Leidenschaft. Mittlerweile ist diese Passion für Marie kein Hobby mehr, sondern zum Lebensstil geworden. In ihrer Villa aus dem Jahre 1925 gibt es immer etwas zu tun. Marie bindet leidenschaftlich gern Kränze, geht auf Flohmärkte oder reist ins Nachbarland Dänemark, um sich neue Anregungen zu holen. Maries Einrichtungstipp: Naturmaterialien wie Blumen, Blätter, Zweige und Tannenzapfen machen die Wohnung lebendig. Möbel und Krimskrams vom Flohmarkt sorgen für den gewissen Pfiff. Kümmern Sie sich nicht darum, was andere denken, sondern lassen sich von ihrem eigenen Gefühl leiten. Es ist Ihr Heim und Sie sollen sich darin wohlfühlen!

Maries Blog „Vita Ranukler": www.vitaranunkler.blogspot.com

Maries Fotos finden Sie auf den Seiten 18, 19, 49, 93, 96, 151, 153, 158, 164 und 169.

Halten Sie sich nicht mit Dingen auf, die nicht machbar sind, sondern tun Sie das, was Sie verwirklichen können.

Das gute Leben

Ailin Siren Benjaminsen, ihr Partner und ihre zwei Kinder wohnen in Nordnorwegen in einem traditionellen Holzhaus aus den 1930er Jahren. Siren interessiert sich seit über fünfzehn Jahren für Einrichtung. Besonders angetan hat es ihr der französische Landhausstil, den sie mit dem Industriestil und dem nordischen Stil verbindet. Durch das ganze Haus und sogar den Garten zieht sich eine Art roter Faden, der alles optisch zusammenhält. Sirens Lieblingsjahreszeit ist der Sommer. Siren liebt es altmodisch, ohne sich jedoch den modernen Komfort zu versagen. Wie gut, dass es inzwischen allerhand moderne Geräte im Nostalgie-Look gibt.

Sirens Einrichtungstipp: Versuchen Sie, die bereits vorhandenen Möbel in die Einrichtung zu integrieren. Wenn nötig, kann man sie mit Pinsel und Farbe optisch anpassen. Halten Sie sich konsequent an den angestrebten Stil und denken Sie kreativ – viele Dinge lassen sich auf verschiedene Art und Weise verwenden.

Siren rät außerdem zum Anlegen eines eigenen Einrichtungsblogs, um mit anderen Bloggern in Kontakt zu kommen und an der kreativen Welt des Internets teilzuhaben. Sirens Blog: www.livetdetgode.blogspot.com

Sirens Fotos finden Sie auf den Seiten 20, 21, 48, 113 und 123.

Schenke das, was du kannst – nicht mehr. Und nimm das an, was man dir schenkt – und nicht weniger.

Nuancen in Weiß

Die begeisterte Hobby-Stylistin Lise-Lott Linderquist lebt mit Mann und zwei Kindern im schwedischen Gävleborg. Das Heim dieser Familie strahlt eine erholsame Ruhe aus, die im krassen Gegensatz zu der Anspannung und Hektik des täglichen Lebens steht. Lise-Lotts besonderes Interesse gilt dem Styling, der Fotografie und dem kreativen Arbeiten. Wer ihre Wohnung betritt, könnte meinen, hier wäre ein Profi zu Hause, aber in Wahrheit ist Lise-Lott Lehrerin. Doch in ihrer Freizeit hat sie immer irgendein Einrichtungsprojekt in Arbeit. Die Wohnung ist überwiegend in Weiß eingerichtet – daher auch der Name ihres Blogs „Vita Nyanser", zu Deutsch „Weiße Nuancen". Weiß bedeutet für Lise-Lott Licht und Ruhe. Ihr Einrichtungsstil ist eine Mischung aus Industrie- und Landhausstil sowie zwanglosem Modernismus.

Lise-Lotts Einrichtungstipp: Bei einer weißen Grundeinrichtung kann man durch farbige Accessoires immer wieder andere Stimmungen schaffen.

Lise-Lotts Blog: www.vitanyanser.blogspot.com

Lise-Lotts Fotos finden Sie auf den Seiten 22, 23, 68, 115, 119, 183 und 184.

„Einfachheit ist die höchste Form der Raffinesse."
Leonardo da Vinci

Weiße Gedanken

Cecilia wohnt mit Mann und zwei Töchtern, einer Katze und einem Hamster in einer ländlichen Villa fünf Kilometer nördlich von Uppsala. Sie hat sich schon lange für Stil und Einrichtung interessiert, was auch aus ihrer beruflichen Laufbahn deutlich wird: Die frühere Gymnasiallehrerin für Kunst hat inzwischen auf Floristin umgesattelt. Der Einrichtungsstil in Cecilias Zuhause ist eine Mischung aus Shabby Chic, ländlich, modern – und natürlich weiß. Neuerdings bringt Cissi, wie sie von den Freunden genannt wird, auch Elemente des Industriestils in die Mischung ein. Sie findet, dass dieser Stil gut mit Weiß harmoniert und dafür sorgt, dass die Einrichtung nicht ins allzu Romantische abgleitet. Einrichtung ist für Cissi ein immerwährendes Projekt, das niemals fertig wird. Manchmal stellt sie wegen eines interessanten neuen Flohmarktfundes, ganz gleich ob es nur ein kleiner Teller oder ein großes Möbelstück ist, den gesamten Raum um, damit alles zusammenpasst!

Cecilias Einrichtungstipp: Lassen Sie sich bei der Suche nach dem passenden Stück von Ihrem Gefühl leiten, sei es auf dem Flohmarkt oder vielleicht sogar auf dem Recyclinghof!

Celicia Larssons Blog: www.vitatankar-cecilia.blogspot.com

Cissis Fotos finden Sie auf den Seiten 24, 25, 68 und 93.

Die Einrichtung hat ein eigenes Leben, das sich aus der Seele der Bewohner nährt.

Mein Paradies

Kristin, ihr Mann und die zwei Kinder wohnen in einem Bauernhof in Jönköping, der aus dem 19. Jahrhundert stammt. Ihre Lieblingszeit ist der Frühling, den sie mit hellen Pastelltönen in ihrer Einrichtung willkommen heißt. Die Familie lebt von der Pferde- und Schafzucht, doch daneben ist Kristin eine begeisterte Hobby-Einrichterin. Für sie muss das Zuhause eine separate, eigene Welt sein, in die sich die Familie nach einem anstrengenden Arbeitstag zum Entspannen und Kraft tanken zurückziehen kann. Dafür dürfen die Räume jedoch nicht zu voll gestellt sein! Kristins Heim ist eine Mischung aus dem dänischen und französischen Landhausstil.

Kristins Einrichtungstipp: Es sollte sich ein „roter Faden" durch die gesamte Einrichtung ziehen – das hat eine beruhigende Wirkung. Frische Blumen sind wirkungsvolle Accessoires und machen den Raum sofort lebendiger.

Kristin Fägerskjölds Blog: www.imittparadis.blogspot.com

Kristins Fotos finden Sie auf den Seiten 26, 27, 75, 112 und 115.

„Welche Kunst sich auch immer in einem Werk widerspiegelt, sie erwacht erst durch den Betrachter zum Leben." – Oscar Wilde

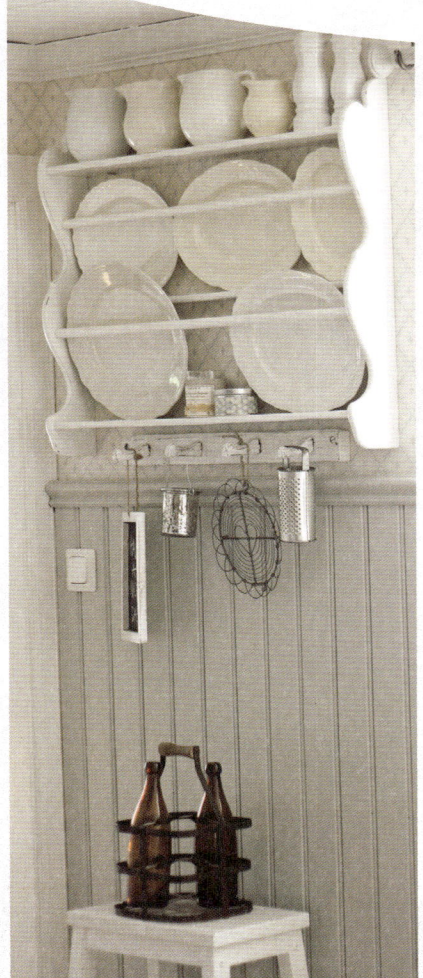

Alice & ich

Melinda Lindberg lebt mit ihrem Mann, vier Kindern und einer Katze im schwedischen Dalarna in einer Villa aus den 1930er Jahren. Die Villa ist in einer Mischung aus schwedischem und französischem Landhausstil mit rustikalem Einschlag eingerichtet. Melinda betreibt ein kleines Einrichtungsgeschäft in Säter, nach dem auch ihr Blog benannt ist. In ihrem Geschäft kann Melinda ihre Leidenschaft für schöne Dinge voll ausleben und hat zudem das Glück, sich mit gleichgesinnten Menschen austauschen zu können.

Melindas Einrichtungstipp: In unserer hektischen Zeit wird es immer wichtiger, das Zuhause zu einer Oase der Ruhe zu machen, in die man sich zum Krafttanken zurückziehen kann. Unser Heim ist dort, wo sich unser Herz befindet.

Melindas Blog: www.migoalice.blogspot.com

Melindas Fotos finden Sie auf den Seiten 28, 29, 68, 94, 112, 169 und 179.

Träume von Morgen, behalte Gestern in Erinnerung und lebe heute.

Nordingården

Mari Grönlund lebt mitten auf dem Lande auf dem Anwesen Nordingården, das nur so von Lebendigkeit sprüht. So lange sie denken kann, hat sich Mari für alte Möbel und prasselnde Holzfeuer begeistert – doch ein bisschen Glamour wie zum Beispiel pompöse Kronleuchter und Kandelaber, schönes Glas und ausladende Goldspiegel dürfen auch nicht fehlen. In ihrer holzgetäfelten Bauernküche ist der große Tisch mit feinem Porzellan gedeckt und handgewebte Flickenteppiche liegen auf dem weiß gescheuerten Holzfußboden. Ein schönes Zuhause ist für Mari das A und O. Hier laden wir unsere Batterien wieder auf, damit wir draußen in der hektischen Arbeitswelt bestehen können.

Maris Einrichtungstipp: Beschränken Sie sich bei der Einrichtung auf ein oder zwei Farben pro Zimmer, das wirkt entspannend. Weiß und Grau sind wunderbare Basisfarben, zu denen praktisch alles passt. Wechseln Sie das Dekor je nach Laune oder von Jahreszeit zu Jahreszeit, das belebt und macht Spaß!

Maris Blog: www.nordingarden.blogspot.com

Maris Fotos finden Sie auf den Seiten 8, 30, 31, 47, 49, 75, 83, 96, 109, 113, 183 und 191.

Eine positive Lebenseinstellung beflügelt und sorgt stets für gute Laune!

Ein durch und durch weißes Haus

Maria Edling und ihre Familie wohnen in Värmland in einer Villa aus den 1930er Jahren. Das Haus ist ganz in Weiß im Landhausstil eingerichtet und erblüht besonders im Frühjahr zu vollem Leben, wenn draußen in der Natur die ersten Knospen hervorbrechen. Der Frühling ist für MiaMaria, wie man sie in der Blogwelt kennt, die schönste Jahreszeit. Eine schöne Einrichtung ist für sie ein Lebensstil! Wer sich wie Maria fürs Schreiben und Selbermachen interessiert, wird auf ihrem Blog viele gute Tipps finden.

Marias Einrichtungstipp: Schönheit liegt in der Einfachheit. Eine schöne Umgebung ist lebenswichtig, denn sie stimmt uns positiv.

Marias Blog: www.vitthusmedvitaknutar.blogspot.com

MiaMarias Fotos finden Sie auf den Seiten 32, 33, 50, 51, 59 und 187.

Es wärmt mir das Herz und erfreut meine Sinne, wenn ein guter Freund hereinschaut.

Marits weiße Oase

Marit Orrebo sprudelt nur so vor Lebenslust. Sie lebt mit ihrem Partner Magnus und den beiden kleinen Söhnen Maximilian und Levis in Dalarna in einem alten Rathaus von 1979, das sie ganz im Landhausstil renoviert haben. Für Marit ist ein persönlich eingerichtetes Zuhause lebenswichtig – und sie hat ein echtes Händchen für Styling. Sie ist immer damit beschäftigt, die Möbel neu zu arrangieren, denn Veränderung gehört bei ihr dazu. Bei Marit geben sich Flohmarktfunde und teure Möbel ein harmonisches Stelldichein, denn es geht ihr nicht um den Preis eines Gegenstandes, sondern um seine Wirkung. Auch die beiden Jungs haben großen Spaß daran, ihre Mama regelmäßig auf Flohmärkte zu begleiten.

Marits Einrichtungstipps: Eine schöne Einrichtung muss nicht viel Geld kosten. Manchmal findet man wunderschöne Möbel auf dem Flohmarkt oder sogar auf dem Sperrmüll.

Marits Blog: www.maritsvitaskrin.blogspot.com

Marits Fotos finden Sie auf den Seiten 34, 35, 177 und 185.

„Es ist des Feigen Los, das Rechte zu denken und es nicht zu tun." – Chinesisches Sprichwort

Smulpaj

2 dl vetemjöl
1 msk socker
100g margarin
♡ ♡ ♡

Erdbeeren mit Milch

Erdbeeren mit Milch sind ein Sommertraum in Weiß und Rot, so schön wie köstlich – und der Titel des Blogs von Miriam Wikman. Miriam wohnt mit ihrem Mann, den Kindern Albin und Thea sowie Hund und Katze auf einem kleinen Hof aus dem Ende des 19. Jahrhunderts. Die schlichte Einrichtung ist vorwiegend in Weiß gehalten; Miriam hält nichts von übermäßigen Dekorationen. Der Sommer ist ihre liebste Jahreszeit und so herrscht im Haus durch helle Stoffe und Pastelltöne das ganze Jahr über eine lebensfrohe Sommerstimmung.

Miriams Einrichtungstipp: Umgeben Sie sich nur mit nützlichen und sorgfältig ausgewählten Dingen, die Ihnen wirklich etwas bedeuten.

Miriams Blog: www.jordgubbarmedmjolk.blogspot.com

Miriams Fotos finden Sie auf den Seiten 36, 37 und 71.

Einrichtung ist für mich eine Leidenschaft, ich lebe und atme Einrichtung.

Sukker

Lilla Blanka

Lilla Blanka, oder Mia Decoy, wie sie eigentlich heißt, wohnt in Västergötland in einer Villa aus dem Jahre 1908 zusammen mit „Herrn Blanka" und den drei Kindern. Die Villa ist hell und freundlich im dänischen und französischen Landhausstil eingerichtet. Im Sommer sind Haus und Garten mit dem Duft von alten Rosen erfüllt. Mia arbeitet beruflich in der IT-Branche und findet, dass ihre Leidenschaft fürs Basteln, Heimwerken und Gärtnern ein ideales Gegengewicht dazu darstellt. Eine Einrichtung ist wie ein Gemälde, sagt Mia. Es ist die Kombination von sorgfältig ausgewählten Elementen – Material, Farbe und Beiwerk, die das Ergebnis zu etwas Einzigartigem machen.

Mias Einrichtungstipp: Sorgen Sie für Überraschungsmomente, indem Sie Gegenstände und Material zweckentfremden und auf unerwartete Art und Weise einsetzen.

Mias Blog: www.lillablanka.blogspot.com

Mias Fotos finden Sie auf den Seiten 38, 39, 94 und 163.

„Das wahre Glück kostet nicht viel. Wenn es teuer ist, ist es von schlechter Qualität."
François René de Chateaubriand

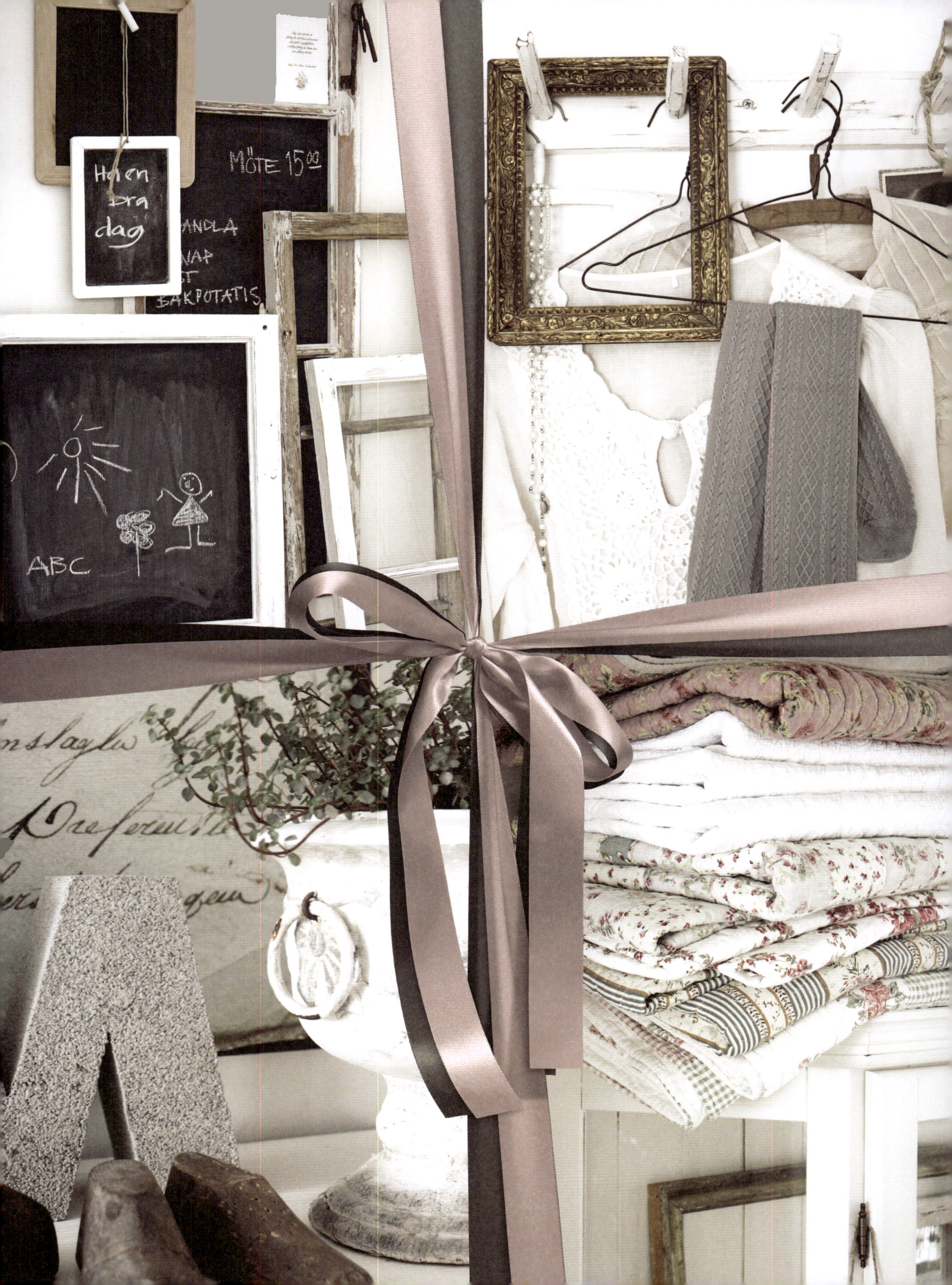
Ha en bra dag
MÖTE 15 00
BAKPOTATIS
ABC

Millas Hem

„Millas Hem" – „Millas Zuhause" – heißt der Blog von Camilla Ågren aus dem schwedischen Blekinge. Dort kann man ihr ländliches Haus mit den altehrwürdigen, zeiterprobten Möbeln und Accessoires bewundern. Das helle Ziegelhaus mit dem Mansardendach aus dem Jahr 1920 erstreckt sich mit seinen fünf Zimmern auf anderthalb Etagen und hat eine große Küche. Milla hat es im Landhausstil eingerichtet und die sanften Formen mit ein paar Elementen im Industriestil etwas „aufgeraut". Camilla liebt den Frühling und genießt es aus vollem Herzen, wenn sie endlich wieder alle Fenster weit öffnen kann, um frische Luft und Vogelgezwitscher hereinzulassen.

Camillas Einrichtungstipp: Trödler und Flohmärkte sind wunderbare Fundgruben für schöne Möbel und Accessoires, die nicht das Budget sprengen.

Camillas Blog: www.millashem.blogspot.com

Camillas Fotos finden Sie auf den Seiten 11, 40, 41, 63, 75 und 102.

Zuerst formen wir unser Zuhause, dann werden wir von ihm geformt.

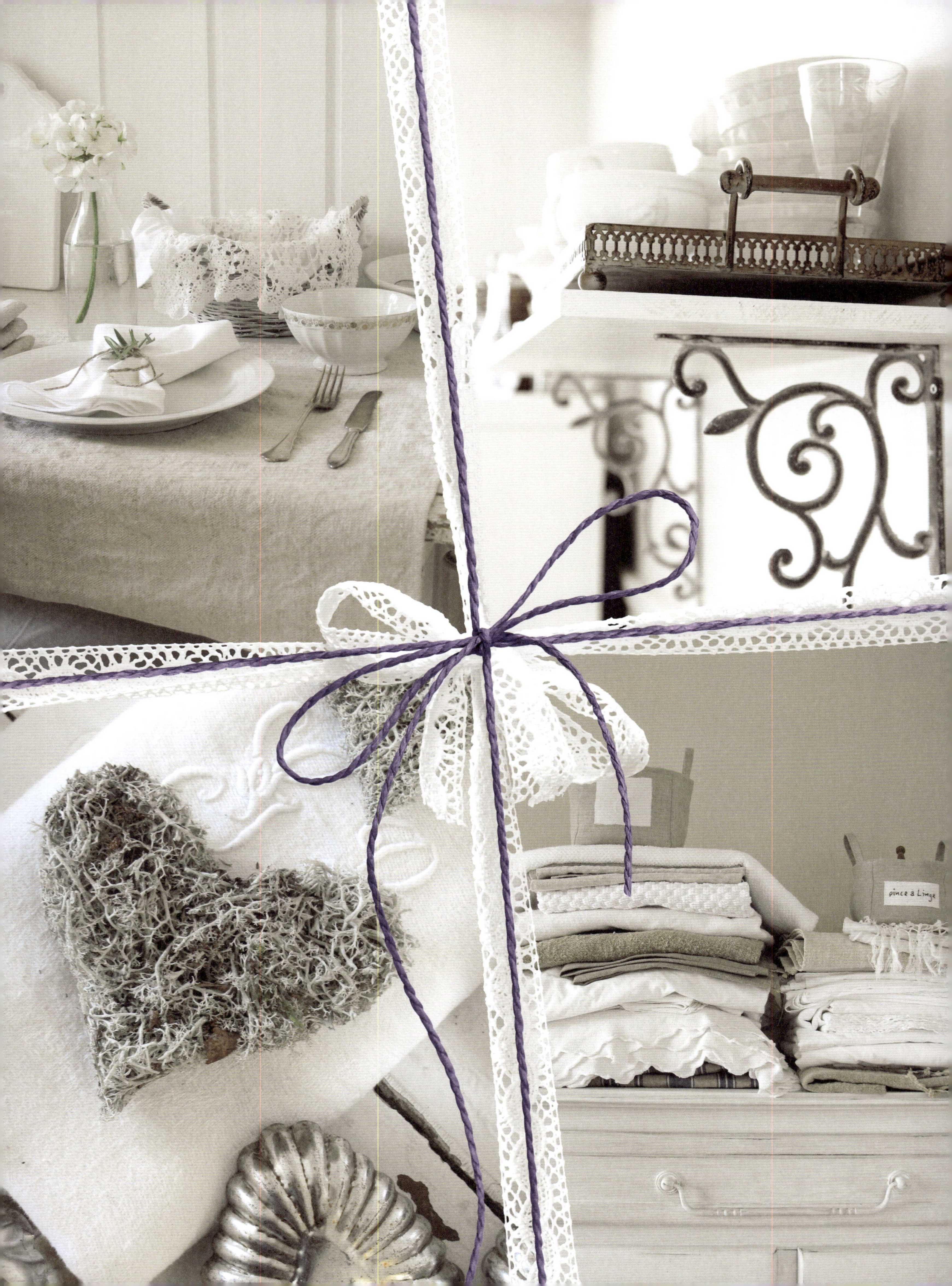
pince à Linge

Modern Country

Britta Aina Syversen, die Autorin des Blogs „Modern Country," wohnt in einem nostalgischen Haus aus dem Jahr 1926. Die ausgebildete Einrichtungsberaterin arbeitet heute als freiberufliche Dekorateurin, Autorin, Fotografin und Designerin. Außerdem verkauft sie ihre eigenen Schöpfungen auf ihrer Website. Ainas Lieblingszeit ist der Frühling, wo sie das Bett extra schön bezieht und morgens die Fenster weit öffnet, um die belebenden Sonnenstrahlen ins Haus zu lassen. Im Frühling nimmt Aina all die Ideen und Projekte in Angriff, über denen sie im Winter gebrütet hat. Aina ist kreativ, flexibel und lebenslustig, kocht gern und geht viel auf Reisen. Sie versucht, Stress und Energiedieben aus dem Weg zu gehen.

Ainas Einrichtungstipp: Lassen Sie sich von Ihrem Gefühl leiten. Zeitlose Möbel sind eine ideale Grundlage und können nach Herzenslust mit Neuem und Altem kombiniert werden. Hell-Dunkel-Kontraste sorgen für optische Spannung. Schöne, solide Handarbeit ist eigentlich immer den massengefertigten Produkten vorzuziehen und wertet die Umgebung auf.

Ainas Blog: www.moderncountry.blogspot.com

Ainas Fotos finden Sie auf den Seiten 42, 43, 99, 146 und 153.

Ich wage viel und habe große Träume!

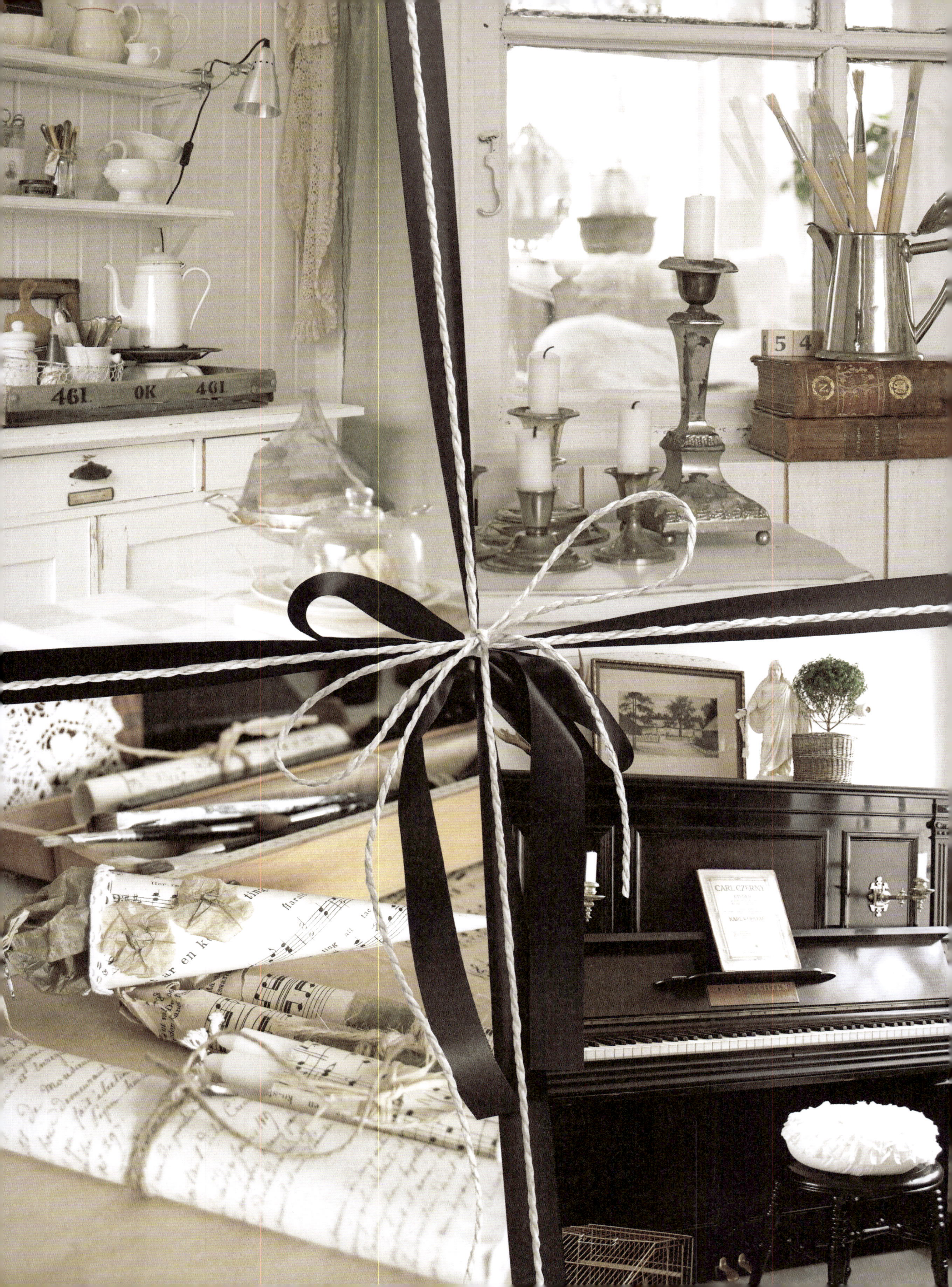
461 OK 461
CARL CZERNY

Weiße Lakritze

Die gebürtige Isländerin Gúa lebt zusammen mit ihrer Familie im schwedischen Skåne. Sie mag Einrichtungen auf weißer Basis und mit einem Hauch von Shabby Chic. Ihr Zuhause ist eine Schatztruhe von schönen Flohmarktfunden, die Gúa liebevoll restauriert und mit einem Hauch von „weißer Lakritze" verschönert. Kein Detail in ihrem zauberhaften Heim wird dem Zufall überlassen. Wenn Sie in Skåne sind, schauen Sie doch auch einmal in Gúas Boutique vorbei, die sich gleich im Anschluss an ihre Wohnung befindet.

Gúas Blog: www.hviturlakkris.blogspot.com

Mehr Fotos von Gúa finden Sie auf den Seiten 44, 45, 61, 79, 85, 86, 87, 88, 89, 95, 104, 119, 121, 122, 124, 147, 202 und 203.

Nehmen Sie nichts als selbstverständlich hin – dazu ist das Leben einfach zu kurz!

Hausputz mit Stil

Natürlich ist es herrlich, wenn man sich in einem frisch geputzten Haus mit einer Tasse Kaffee an den Küchentisch setzen kann. Wenn nur der lästige Hausputz davor nicht wäre!

Doch Saubermachen muss gar nicht langweilig oder beschwerlich sein. Halten Sie die richtige Reihenfolge ein – zuerst trocken, dann feucht, also erst fegen, dann wischen. Arbeiten Sie von oben nach unten. Oder laden Sie die beste Freundin zu einer Hausputzparty ein, mit flotter Musik, gutem Wein und Käsehäppchen als Belohnung zwischendurch. Mit netter Unterhaltung geht das Großreinemachen schnell von der Hand. Wenn es Ihnen unangenehm ist, sich jemanden zu Hilfe zu holen, machen Sie die ganze Angelegenheit doch einfach zu einem Aerobic-Kurs: heiße Rhythmen aufgelegt und ab geht die Post!

Staubsaugen mit Wohlgeruch

Streuen Sie vor dem Staubsaugen Vanillezucker auf dem Teppich aus.

Hier sind ein paar Tipps für einen so preiswerten wie gründlichen und umweltfreundlichen Frühjahrsputz:

Mikrowelle

Den Saft einer Zitrone in eine Schale mit Wasser geben und in die Mikrowelle stellen. Drei Minuten auf höchster Stufe laufen lassen, mit Wasser und Schwamm auswischen.

Kaffeemaschine

200 ml zwölfprozentigen Essig mit 200 ml Wasser mischen und die Hälfte der Flüssigkeit durchlaufen lassen, ausschalten, eine Weile einwirken lassen und den Rest durchlaufen lassen. Zum „Nachspülen" noch zwei bis drei Ladungen klares Wasser durchlaufen lassen.

Möbelpolitur

100 ml Olivenöl und 20 ml Zitronensaft in eine Sprühflasche geben. Die Möbel damit einsprühen und mit einem trockenen Tuch nachpolieren.

Kaffee- und Teetassen

Kaffee- und Teeränder gehen mit Essig, Zitronensaft, Wein- oder Zitronensäure leicht wieder ab.

Badezimmer

Dunkle Ränder im WC mit Zitronensäure einsprühen und eine Weile einwirken lassen. Fliesen glänzen wieder, wenn man sie mit einer Lösung aus vier Teilen Wasser, zwei Teilen Flüssigseife und dem Saft von einer Zitrone einsprüht und mit einem trockenen Lappen nachwischt. Die Badewanne wird schön sauber, wenn man sie mit einer mit Salz bestreuten Zitronen- oder Grapefruithälfte einreibt.

Abfluss

Der Abfluss sollte einmal im Monat gereinigt werden, damit sich keine Ablagerungen und damit unangenehme Gerüche bilden. Verstopfte Abflüsse zunächst behandeln, indem man viel heißes Wasser hineingießt. Löst sich die Verstopfung dadurch nicht, eine Tasse Natron mit einer Tasse Salz in einem Topf mit kochendem Wasser auflösen und in den Ausguss schütten.

Backofen

Den Backofen innen mit Flüssigseife ausstreichen und auf 100 °C erhitzen, bis die Seife Blasen wirft. Einwirken lassen und mit einem trockenen Tuch auswischen. Hartnäckigen Schmutz mit Schwamm oder Stahlwolle behandeln.

Vergessen Sie nach getaner Arbeit nicht den herzerfrischenden Freudenschrei!

*Wohin des Weges, schöne Frauen?
Es gibt noch viel zu lesen und zu schauen!*

15. Januar • Tag der Tulpen

Mitten im tiefsten Winter kommen die ersten Frühlingsboten: die Tulpen! Sie versüßen uns die lange Wartezeit, bis der Frühling endlich im Garten Einzug hält. Tulpen sind schon für sich genommen schön, aber mit ein paar Heidelbeerzweigen oder ein paar Zweigen aus dem Garten bekommt der Strauß eine ganz persönliche Note. Man kann Tulpen auch gut mit Ranunkeln, Hyazinthen oder Anemonen kombinieren.

Mit ein paar Kniffen hält Ihr Tulpenstrauß noch länger. Lassen Sie ihn zuerst eine Weile im Wasser stehen, ohne die Papier- oder Plastikhülle abzunehmen. Wenn die Tulpen das Wasser aufgesogen haben, nehmen Sie das Papier ab und schneiden die Stiele mit einem scharfen Messer zurecht – nicht die Schere nehmen! Die Vase nur bis zu einem Viertel mit kaltem Wasser füllen, denn die Tulpen wachsen sonst zu schnell. Nicht in die Nähe des Obstkorbs stellen – Obst entwickelt Ethylengas, das die Tulpen schneller welken lässt. Zugluft und direkte Sonne vermeiden.

21. Januar • Tag der Zärtlichkeit

Zärtlichkeit hat eine ganz eigene Macht.

Sie wärmt das Herz und heißt uns willkommen.

Sie hilft uns, zu entspannen und loszulassen.

Eine Umarmung kann eine stumme Bitte um Entschuldigung sein.

Wir teilen damit unsere Freude und zeigen einem Freund, dass wir ihn mögen, wie er ist.

Umarmungen sind für alle, die uns nahestehen.
Für die Urgroßmutter, die Nachbarin und die Enkel.

Es ist wunderbar, jemanden in den Arm zu nehmen.
Man kann damit so vieles sagen.

Man kann damit Liebe zeigen, die man nicht in Worte fassen kann.

Es ist erstaunlich, wie eine Umarmung das Wohlbefinden steigern kann.

Eine Umarmung wird auf der ganzen Welt verstanden.

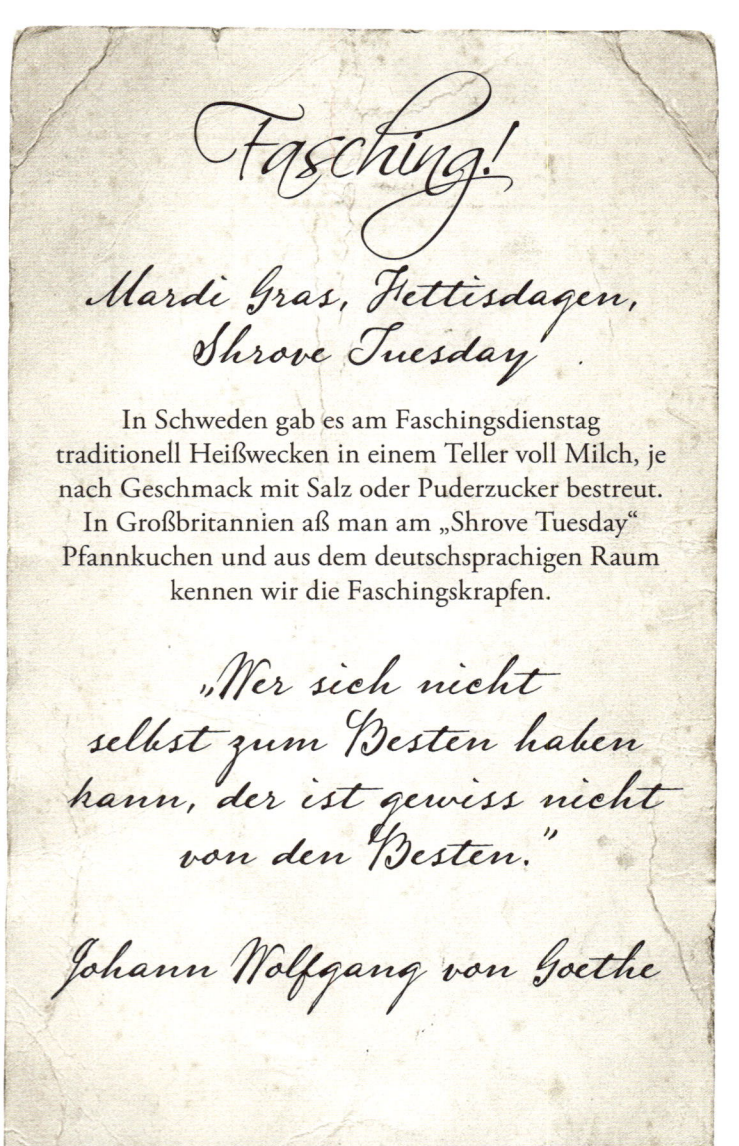

Fasching!

Mardi Gras, Fettisdagen, Shrove Tuesday

In Schweden gab es am Faschingsdienstag traditionell Heißwecken in einem Teller voll Milch, je nach Geschmack mit Salz oder Puderzucker bestreut. In Großbritannien aß man am „Shrove Tuesday" Pfannkuchen und aus dem deutschsprachigen Raum kennen wir die Faschingskrapfen.

„Wer sich nicht selbst zum Besten haben kann, der ist gewiss nicht von den Besten."

Johann Wolfgang von Goethe

Liebe!

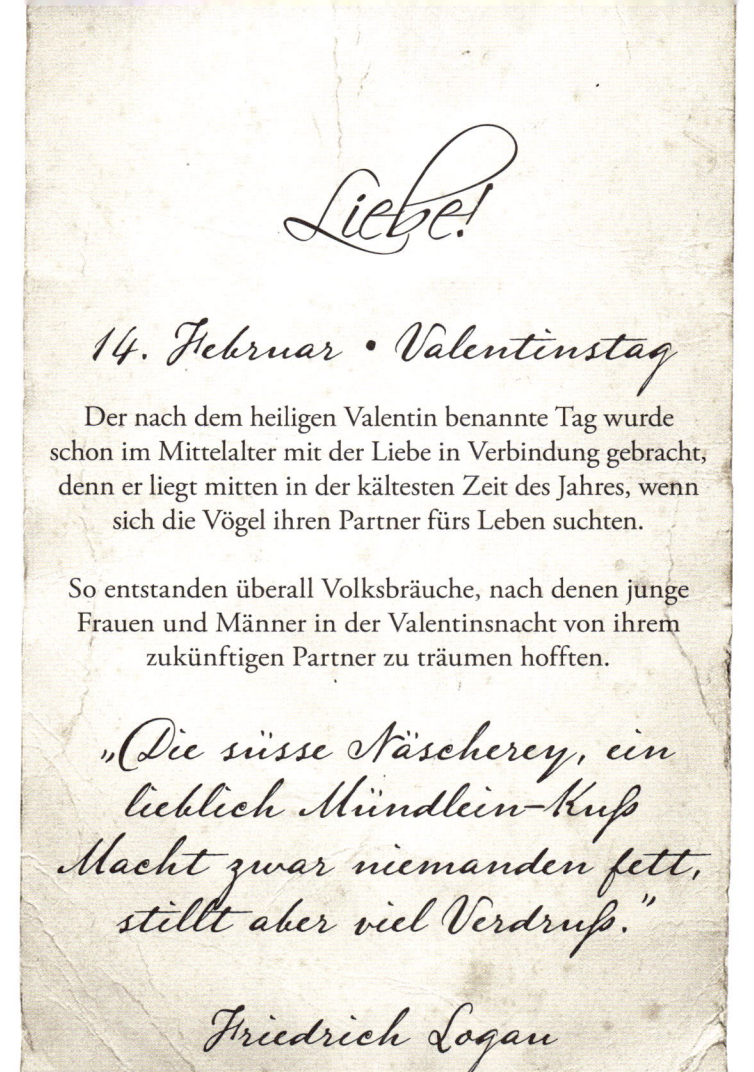

14. Februar • Valentinstag

Der nach dem heiligen Valentin benannte Tag wurde schon im Mittelalter mit der Liebe in Verbindung gebracht, denn er liegt mitten in der kältesten Zeit des Jahres, wenn sich die Vögel ihren Partner fürs Leben suchten.

So entstanden überall Volksbräuche, nach denen junge Frauen und Männer in der Valentinsnacht von ihrem zukünftigen Partner zu träumen hofften.

„Die süsse Näscherey, ein lieblich Mündlein-Kuß Macht zwar niemanden fett, stillt aber viel Verdruß."

Friedrich Logau

25. März · Waffeltag!

Der Tag der Verkündigung des Herrn hat traditionell eigentlich überhaupt nichts mit Waffeln zu tun. In Schweden jedoch wurde aus „Vårfrudag" (Tag Unserer Lieben Frau) im Laufe der Zeit „Våffeldag" und damit ein wunderbarer Anlass, Waffeln zu essen.

Champagnerwaffeln

100g Butter, 100g Zucker, 1½ TL gemahlene Vanille, 3 Eier, 200g Weizenmehl, 1 TL Backpulver, 200ml Champagner, abgeriebene Schale von ½ Zitrone

Mehl und Backpulver mischen. Zimmerwarme Butter, Zucker und Vanille schaumig rühren. Nach und nach die Eier, das Mehl und den Champagner zugeben – Vorsicht, der Teig darf nicht zu dünn werden. Mit Zitronenschale abschmecken und 20 Minuten stehen lassen. Die Waffeln goldgelb ausbacken und mit viel Schlagsahne und geraspelter Zartbitterschokolade servieren.

Zuckersüßes Zubehör

Ganze oder gehackte Erdbeeren, Beerenmarmelade, Rhabarberkompott, eingelegter Ingwer, Lavendelsirup, brauner Rohrzucker (Muscovadozucker), Honig mit Zimt, Bananen.

Zuckerstangenstreusel

Ein paar Pfefferminz-Zuckerstangen in eine Plastiktüte geben und mit einer Teigrolle oder einer Flasche in kleine Splitter zerdrücken. Man kann die Zuckerstangen auch mit einem Kartoffelschäler zu Spänen hobeln!

Tipp

Geben Sie 100 ml süßen Sprudel in den Teig und die Waffeln werden lockerer.

Kaffeekränzchen

Der Begriff „Kränzchen" für ein regelmäßiges, umschichtig ausgerichtetes Treffen im kleinen Kreis ist mindestens seit dem 17. Jahrhundert bekannt und entstammte ursprünglich der Tradition des Pfingstschießens. Inzwischen verwendet man den Ausdruck Kaffee- oder Damenkränzchen aber überwiegend für ein geselliges Beisammensein mit Kaffee und Kuchen – dem Gegenstück des Männerstammtisches!

Kaffeeklatsch!

Eine Tasse Kaffee kann der Beginn einer lebenslangen Freundschaft sein.

Willkommen, liebe Kaffeegäste!

In Schweden gehören zu einer traditionellen Kaffeetafel mindestens sieben Sorten Gebäck, darunter wenigstens ein bis zwei Kuchen, vielleicht ein paar Schnittchen und selbstverständlich eine schöne Sahnetorte. Natürlich wird der Tisch mit dem schönsten Damasttuch und dem feinsten Geschirr und Besteck gedeckt. Eine Kaffeetafel ist ideal, um Anlässe wie Geburtstage, Namenstage und Jubiläen zu feiern. Obwohl man für einen anständigen Kaffeeklatsch eigentlich keinen besonderen Anlass braucht.

Süßer Kaffeeturm aus Großmutters bestem Porzellan

Einfache Idee, tolle Wirkung: Großmutters beste Kaffeetassen, auf der Kaffeetafel zum Turm gestapelt und mit bunten Pfefferminzbonbons dekoriert. Zwei Pfefferminzbonbons in einer Tasse Kaffee mit Sahnehäubchen – einfach himmlisch!

Noblesse oblige!

Zu einer richtigen Kaffeetafel gehören feine Porzellantassen – dickwandige Kaffeebecher haben hier einfach nichts zu suchen! Das Geschirr muss jedoch nicht unbedingt zusammenpassen: Sammeltassen waren schon im letzten Jahrhundert beliebt. Und selbstverständlich wird zum Kaffee keine Milch, sondern gute Kaffeesahne gereicht!

Die richtige Reihenfolge

Frisch gebackene Wecken und Kuchen werden als Erstes serviert. Danach kommen die Kekse, von denen es auf einer ordentlichen Kaffeetafel mindestens sieben Sorten geben sollte. Die prachtvolle Sahnetorte bildet den krönenden Abschluss.

Eine liebevoll zubereitete Kaffeetafel ist für Augen und Gaumen gleichermaßen ein Genuss.

Leckeres für die Kaffeetafel

Sahne-Herz

Tortenboden:

3 Eier, 250 g Zucker, 100 g Mehl, 75 g Kartoffelstärke, 2 TL Backpulver, 100 ml heißes Wasser

Eine Springform (Durchmesser 20 cm, in Herzform) fetten und mit Semmelmehl ausstreuen. Eier und Zucker schaumig schlagen. Mehl, Stärke und Backpulver sieben und alles zu einem glatten Teig verrühren; das Wasser nach und nach zugeben. In der Springform bei 200 °C ca. 30 Minuten backen.

Erste Schicht: Vanillecreme

200 ml Sahne, 2 EL Milch, 2 Eier, 1 ½ EL Zucker und 3 TL Vanillezucker

Alle Zutaten außer dem Vanillezucker erhitzen – Achtung: nicht kochen lassen! – und zu einer dicken Creme rühren. Abkühlen lassen und mit Vanillezucker abschmecken.

Zweite Schicht: Himbeermousse

Die Himbeermousse gibt es fertig im Lebensmittelgeschäft. Wer mag, gibt noch ein paar frische Himbeeren dazu.

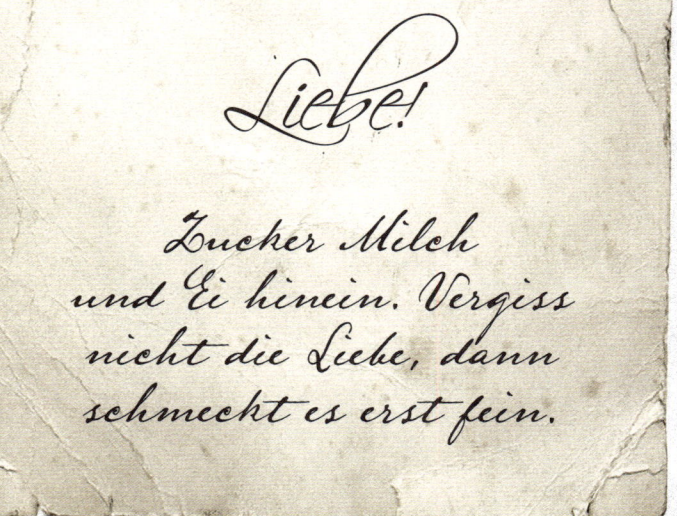

Liebe!

Zucker Milch und Ei hinein. Vergiss nicht die Liebe, dann schmeckt es erst fein.

Dekoration:

600–800 ml Schlagsahne, 1 EL Zucker

Die Sahne steif schlagen und den Zucker dazugeben. Dann in zwei Portionen aufteilen und eine Portion mit Speisefarbe rosa färben. In zwei Spitztüten füllen und die fertig zusammengesetzte Torte mit rosa und weißen Rosetten bedecken.

Törtchen mit Baiserhaube (8 Stück)

125 g zimmerwarme Butter, 100 g Zucker, 2 Eier, 100 g Mehl und 2 TL Backpulver

Butter und Zucker schaumig schlagen, dann nach und nach die Eier und zuletzt Mehl und Backpulver zugeben. Muffin-Formen zu drei Vierteln mit dem Teig füllen und auf der mittleren Ofenschiene bei 175 °C etwa 15 Minuten backen. Abkühlen lassen, oben je eine kleine Mulde ausheben und füllen, zum Beispiel mit der oben beschriebenen Vanillecreme. Den Teigdeckel wieder auflegen.

Baiser:

175 g Zucker, 2 Eiweiß, nach Geschmack Speisefarbe

Zucker und Eiweiß im Wasserbad mit kochendem Wasser sehr steif schlagen. Den Baiserschaum in Spritztüten füllen und je ein dickes Häubchen auf die Törtchen setzen. Nach Geschmack dekorieren. Die Baiserhaube braucht etwa drei Stunden, um fest zu werden.

Himbeertörtchen

Die Törtchen wie oben backen, dabei dem Teig jedoch eine gute Handvoll frische oder gefrorene Himbeeren zugeben.

Dekoration:

200 g Philadelphia-Frischkäse, 1 ½ EL Puderzucker und 8 Himbeeren

Die Zutaten zu einer glatten Masse verrühren und auf die Törtchen streichen oder spritzen. Mit Himbeeren garnieren.

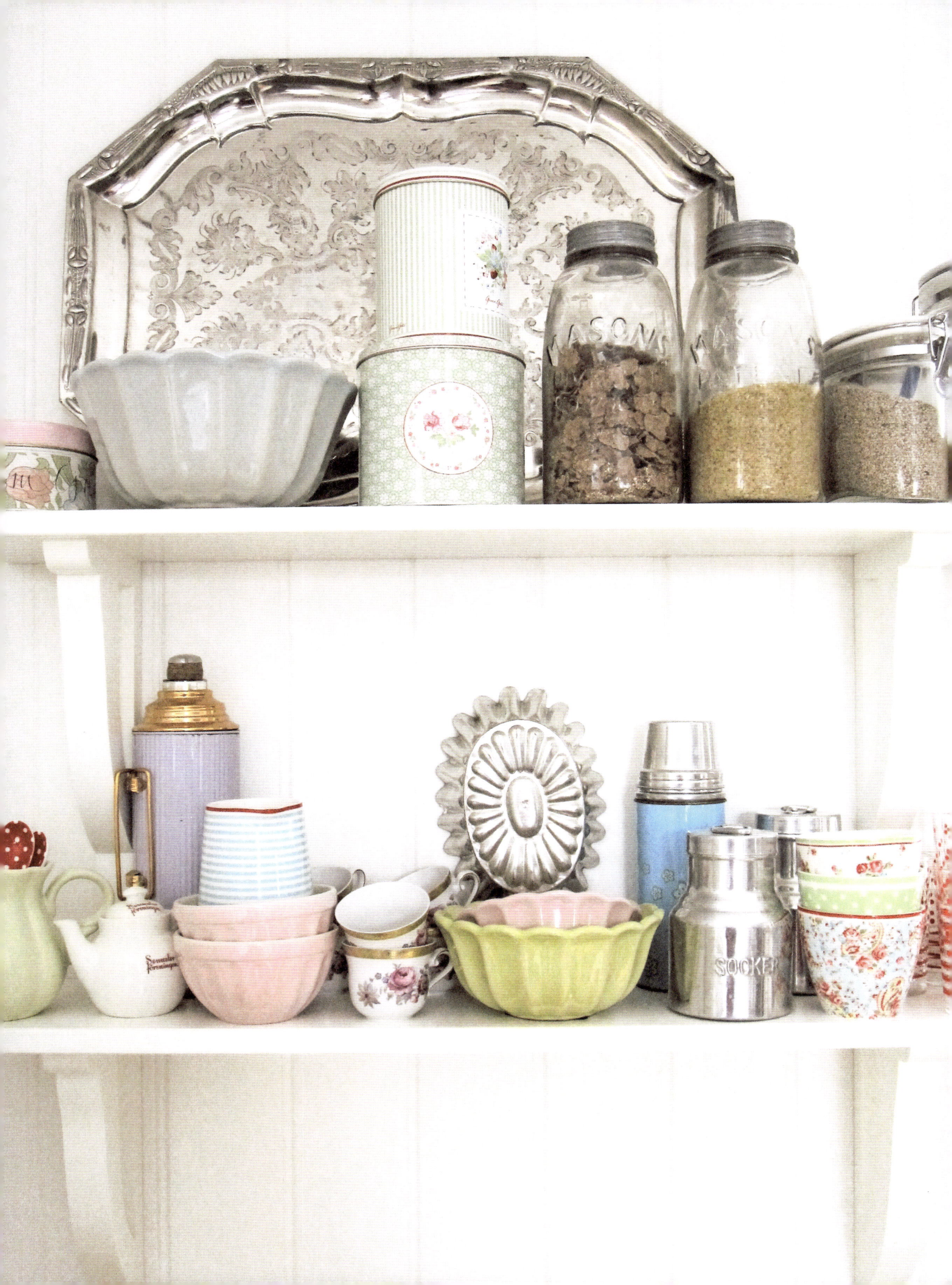
MASONS
SOCKER

Ostern

Das Osterfest ist das zweitgrößte christliche Fest des Jahres und wird wie Weihnachten meist im Kreise der Familie gefeiert. Die Kinder suchen am Morgen traditionell Ostereier, die der Osterhase dem Volksglauben nach im Garten versteckt hat. Anschließend setzt man sich zu einem Festmahl, das oft dem weihnachtlichen nicht unähnlich ist. Aber das muss eigentlich nicht sein – Anregungen für spannende neue Kochrezepte gibt es heute wahrlich genug. Ostern wird mit der Frühlingsfarbe gelb assoziiert, mit Osterglocken, Primeln, Osterküken und der wiederkehrenden Sonnenwärme. Auf den Folgeseiten zeigen wir Ihnen, wie unsere Bloggerinnen Ostern feiern.

*Basteln Sie ihre eigenen Ostergrußkarten
mithilfe von alten Fotos und Schablonen. Bekleben
Sie Papp-Eier mit alten Briefen, Fotos, Notenpapier,
einem Bindfaden, Federn und Spitze und füllen
Sie Schalen und Teller damit.*

Osterideen!

Käse-Eier

50 g geriebener Västerbottenostkäse oder Parmesankäse, 1 EL zerlassene Butter, 1 TL Kümmel, Petersilie zum Garnieren, 4 hartgekochte halbierte Eier

Die noch warmen Eigelbe in eine Schüssel geben und mit den Zutaten verrühren. Mit Salz und Pfeffer abschmecken und zurück in die Eihälften geben. Mit Petersilie garnieren.

Mehr des Guten

Lachsrogen mit Dill und Schlagsahne
Bücklingspastete mit grünen Oliven
Räucherlachs mit Schlagsahne und Roter Bete
Schwarzer Kaviar mit Mayonnaise und Zitrone
Krabben und Dillmayonnaise

Manchmal ist zu viel des Guten einfach goldrichtig!

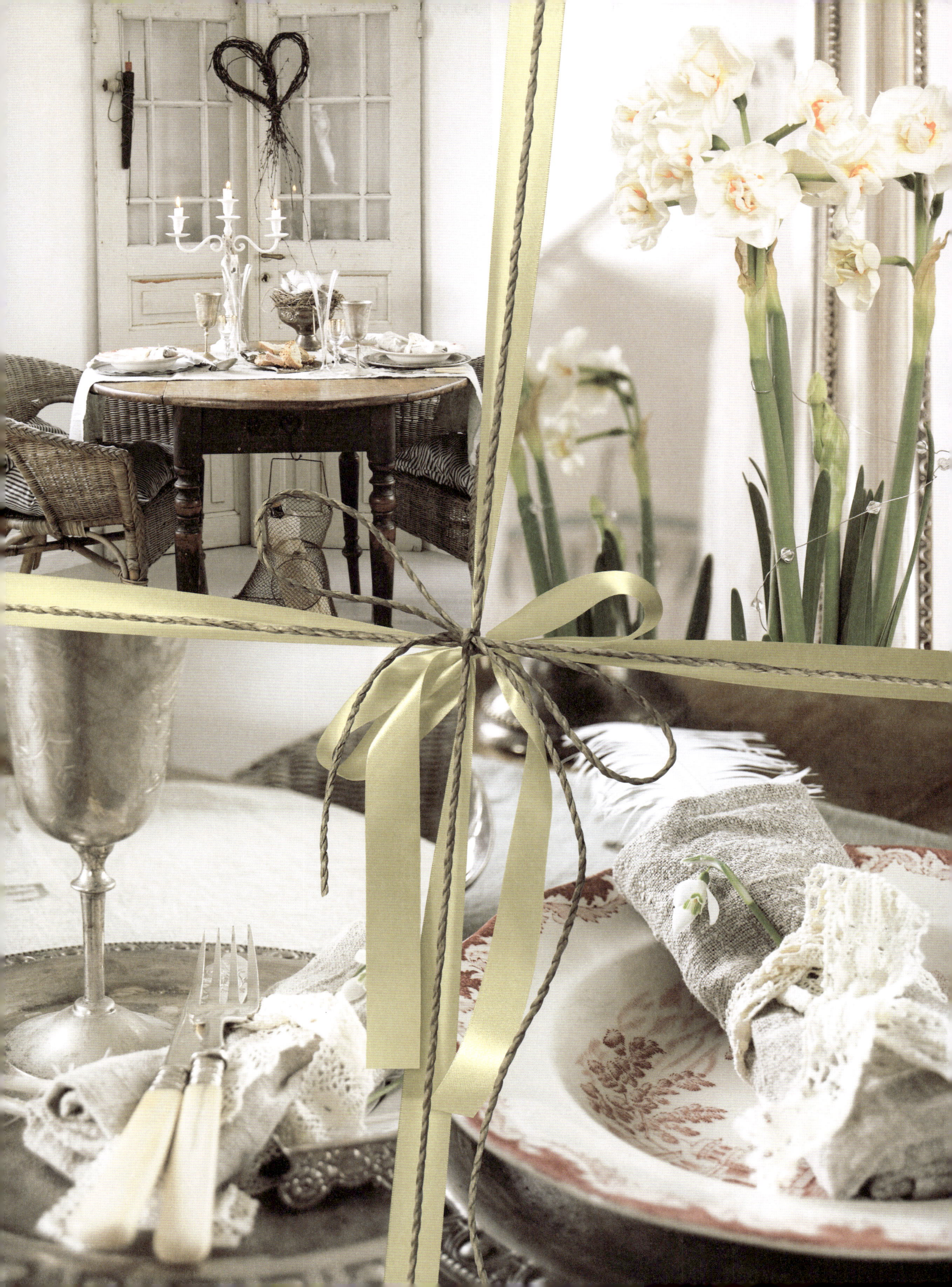

Osterschmuck

Auch gekochte Ostereier kann man wunderbar mit Decoupage-Motiven bekleben. Basteln Sie Krämertüten aus alten Briefen und Notenpapier und behängen Sie damit den Osterstrauß. Süß gefüllt sind sie eine besondere Attraktion für Kinder.

Wer mag, kann den Osterstrauß noch mit einem Hauch von Sprühfarbe aufpeppen.

24

„Bleibt dir ein Freund,
so bist du reich."
Menander

Schöne Momente, die bleibende Erinnerungen schaffen

Die Aufforderung, gut zu leben, ist sowohl Mahnung als auch Inspiration. Unsere Zeit scheint immer schnelllebiger zu werden – da ist es umso wichtiger, die Zeit, die uns bleibt, mit Dingen und Aktivitäten zu erfüllen, die uns beflügeln und froh machen. Ein schönes Heim zu haben, sich sorgfältig zu kleiden, Feste in altem Stil zu begehen und immer nach dem gewissen Extra Ausschau zu halten, mag nach viel Arbeit klingen. Doch eine solche Lebensweise hinterlässt bleibende, schöne Erinnerungen und sorgt dafür, dass wir nicht im Alltagseinerlei versinken. Wir verstehen dieses Buch vor allem als Anregung für Sie, in Ihrem eigenen Leben nach dem Schönen zu suchen. Dafür gibt es keine Spezialrezepte, wir müssen jeweils selbst herausfinden, was Schönheit für uns bedeutet und wie wir sie unseren Alltag einbringen können. Zum Beispiel, indem wir ...

... abends einmal bewusst dem Gesang der Nachtigall zuhören; uns spontan anziehen und einen alten Freund besuchen; uns in die Sonne setzen und die Wärme ihrer Strahlen auf unserer Haut genießen; am Strand entlang laufen und das Wasser die Beine hoch spritzen lassen; barfuß im Gras tanzen; aus einer Laune heraus ein Picknick mit Freunden organisieren; einen Liebesbrief schreiben oder einfach einmal ein Stündchen Siesta halten und der Stille lauschen ...

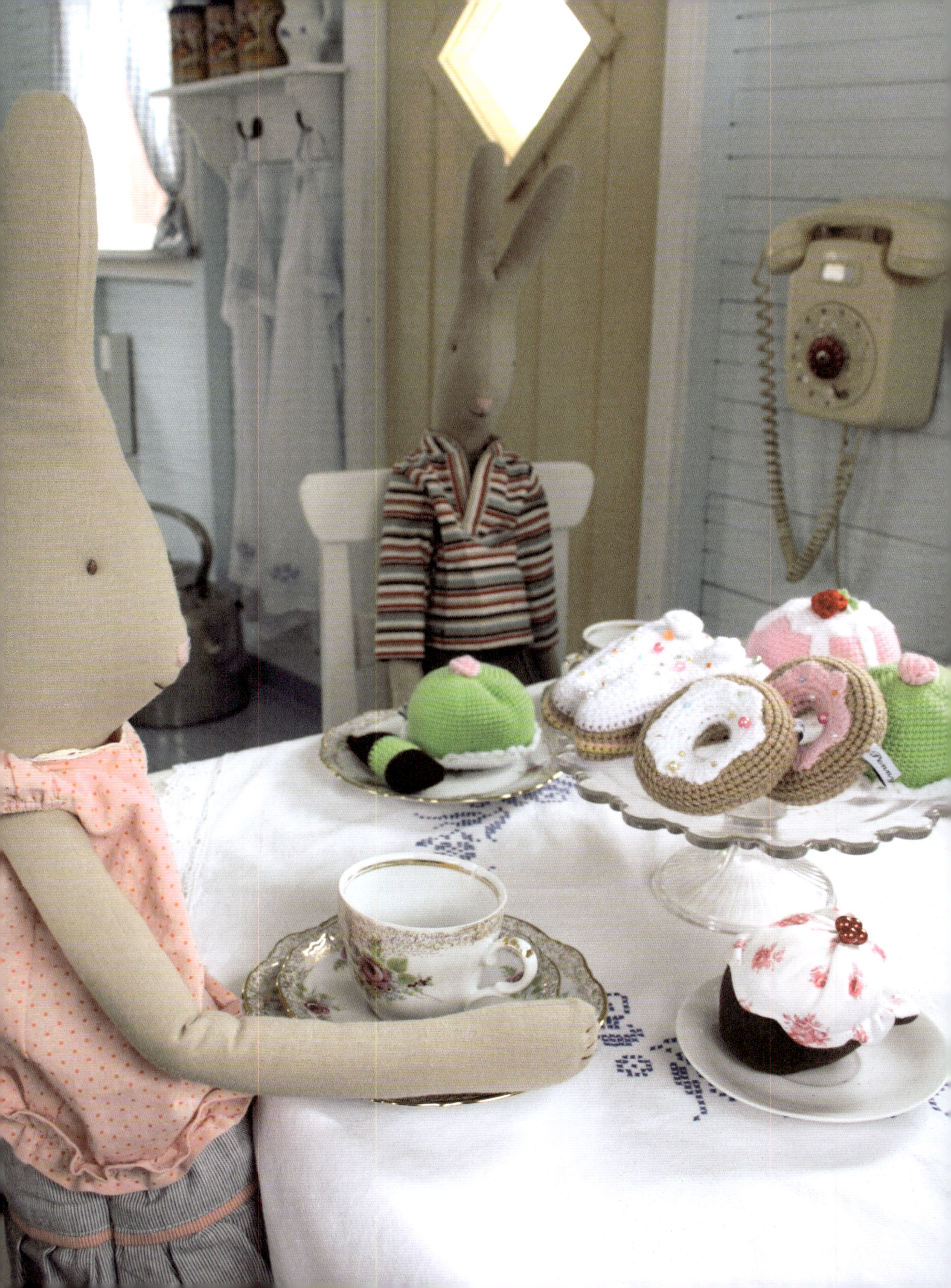

Kindertag

Herr und Frau Kaninchen
laden alle Kinder herzlich ein!
Wohin: Kinderzimmer
Wann: 14.00 Uhr

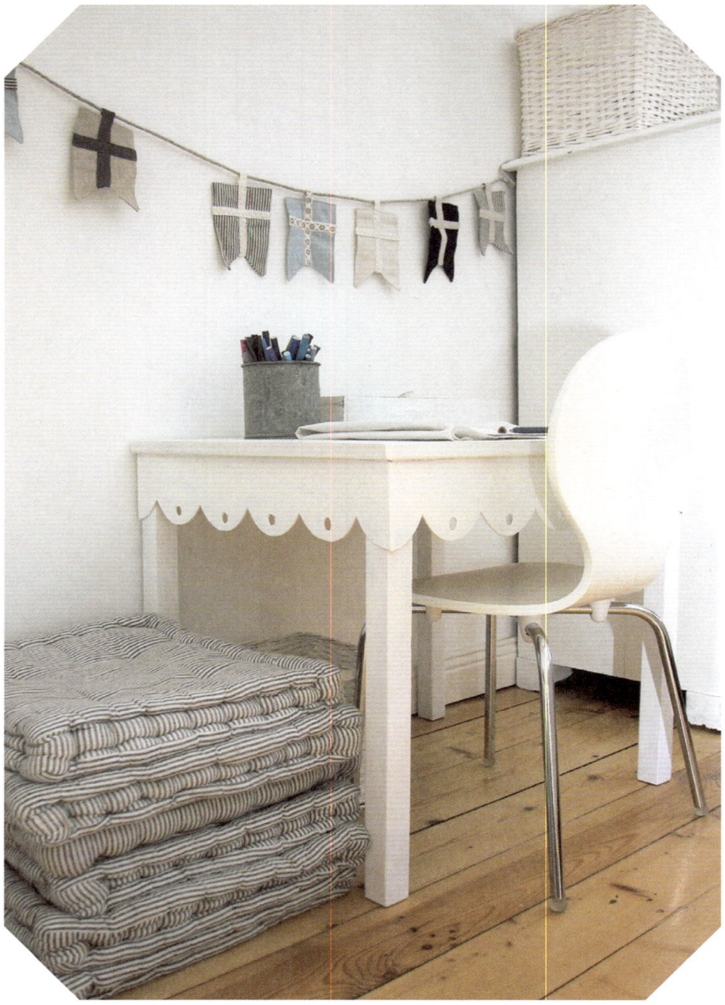

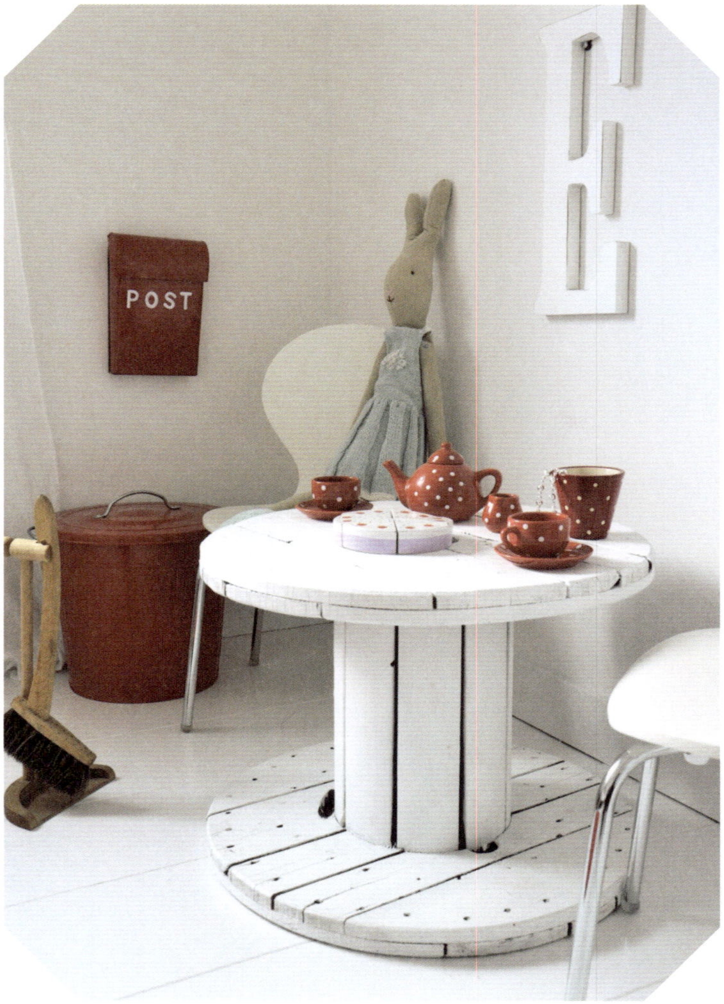
POST

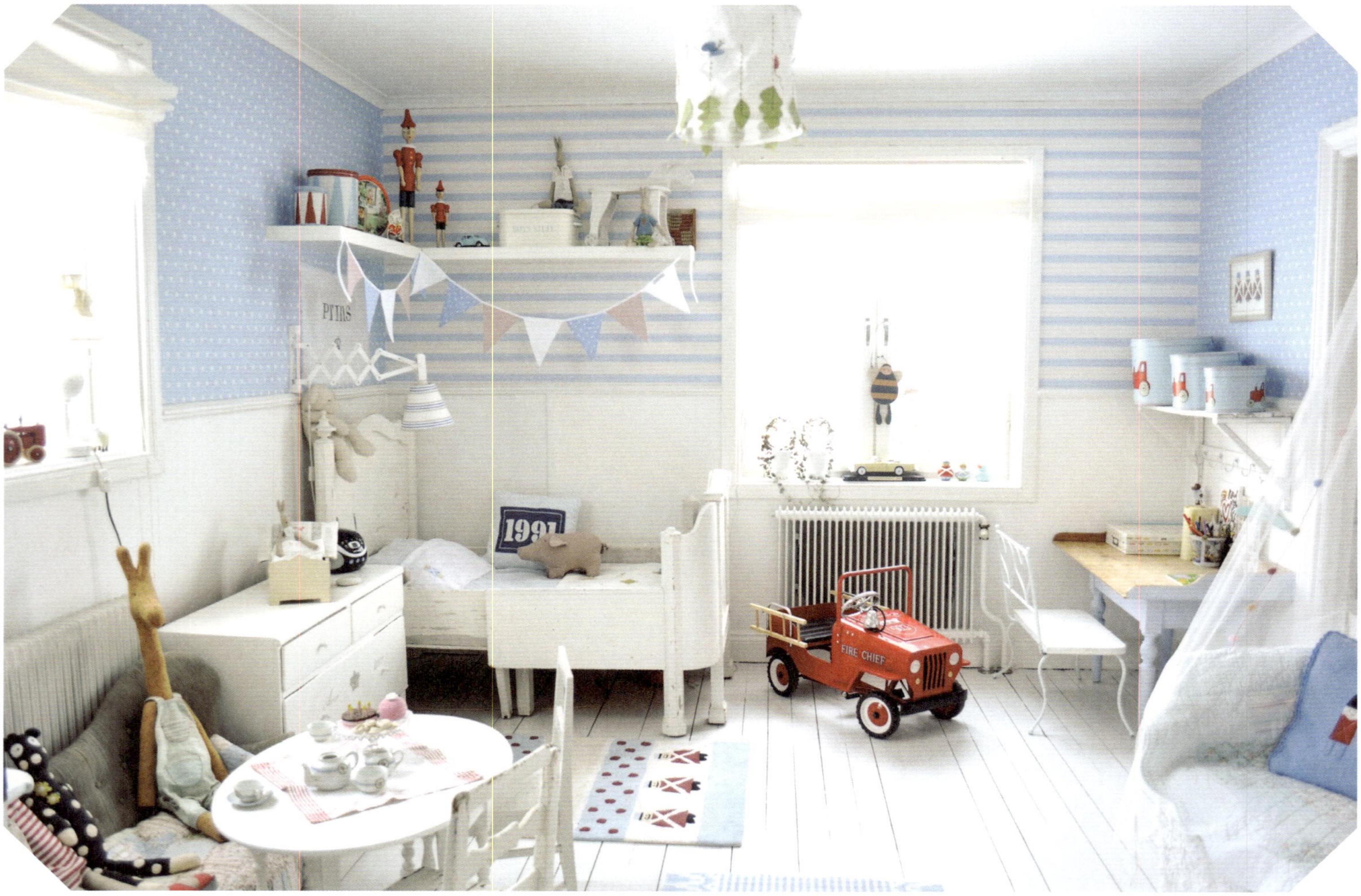
1991
FIRE CHIEF

Tipps für das Kinderzimmer

Weiß als Grundton sorgt für viel Licht und man kann mit farbigen Accessoires nach Lust und Laune andere Stimmungen schaffen. Tapeten, Gardinen und Beiwerk in der jeweiligen Lieblingsfarbe des Kindes kann man leicht wechseln, wenn es älter wird. Stauraum ist gerade im Kinderzimmer sehr wichtig – zum einen, damit die vielen Spielsachen Platz haben, und zum anderen, damit es im Zimmer nicht zu eng zum Spielen wird. Gute Beleuchtung ist ebenso wichtig. Deckenleuchten sorgen für viel Licht zum Spielen und zum Saubermachen. Eine Schreibtischlampe wirft das Licht genau dorthin, wo es zum Basteln und Hausaufgabenmachen benötigt wird. Zum Geschichtenerzählen und Träumen ist eine stimmungsvolle Steh- oder Tischleuchte ideal und ein Nachtlicht vertreibt die Finsternis.

„Fantasie ist wichtiger als Wissen."

Albert Einstein

HOUSE RULES:
#1 MOM'S THE BOSS
#2 SEE RULE #1

Frühlingsstimmung in der Küche

Auch in der Küche ist Weiß als Grundfarbe ideal. Der Raum wirkt hell und sauber und kann im Takt der Jahreszeiten durch schöne Dekoration verändert werden. Besonders in der dunklen Jahreszeit hebt es die Stimmung ungemein, wenn in der Küche eine sommerliche Atmosphäre herrscht.

Frische Stoffe mit Blumenmuster, Punkten oder Karos erinnern bei grauem Himmel an sonnige Sommertage.

Der Winter färbt den Alltag grau, für Trost und Wärme sorgt das Blau. Und Mutters Küche, hell und warm, erstrahlt in sommerlichem Charme!

In der Speisekammer

Es ist schon ärgerlich, wenn man feststellen muss, dass die Hälfte der Zutaten fehlt, wo man sich doch gerade angefangen hat, etwas Leckeres zu kochen oder zu backen. Hier ist eine Liste lange haltbarer Lebensmittel, die man immer im Vorratsschrank haben sollte. Und denken Sie daran – beim nächsten Einkauf sofort nachkaufen!

Vollkornpasta, Basmatireis, Jasminreis, Vollkornreis, Quinoa, Bulgur, Reisnudeln, Vanillestangen, Kartoffeln, Oliven, Rosinen, Eier, Mohrrüben, trockenes Brot, Brühwürfel (Gemüse-, Fleisch-, Hühner- und Fischbrühe), Oliven-, Raps- und Sesamöl, Balsamico- und Weinessig, Sojasauce, Pesto, Kokosmilch (übriggebliebene Kokosmilch kann man bis zu drei Monate einfrieren), Tomatenmark, Tomatenpüree, Chilisauce, Sambal Oelek, Teriyakisauce, Tabasco, Marmelade und Konfitüre, Zitronensaft, Honig, Zucker, Rübensirup, Backpulver, Vanillezucker, schwarzer und weißer Pfeffer, Chilipulver, Paprika, Kümmel, Curry, Kurkuma, Zimt, Thymian, Basilikum, Herbes de Provence, Zitronenpfeffer, Grillkräuter, Dill, Lorbeerblätter, Knoblauchpulver, frischer Knoblauch, Pfeilwurzelmehl (zum Saucenbinden), Salz, Kräutersalz, grobes Salz, Lein-, Sesam- und Sonnenblumensamen, Haferflocken, Hafermehl, Dinkelmehl, Vollkornmehl, Maizena, Semmelmehl, Müsli, Kaffee, Tee, Kakaopulver, Thunfisch, Mais, Nüsse und Mandeln.

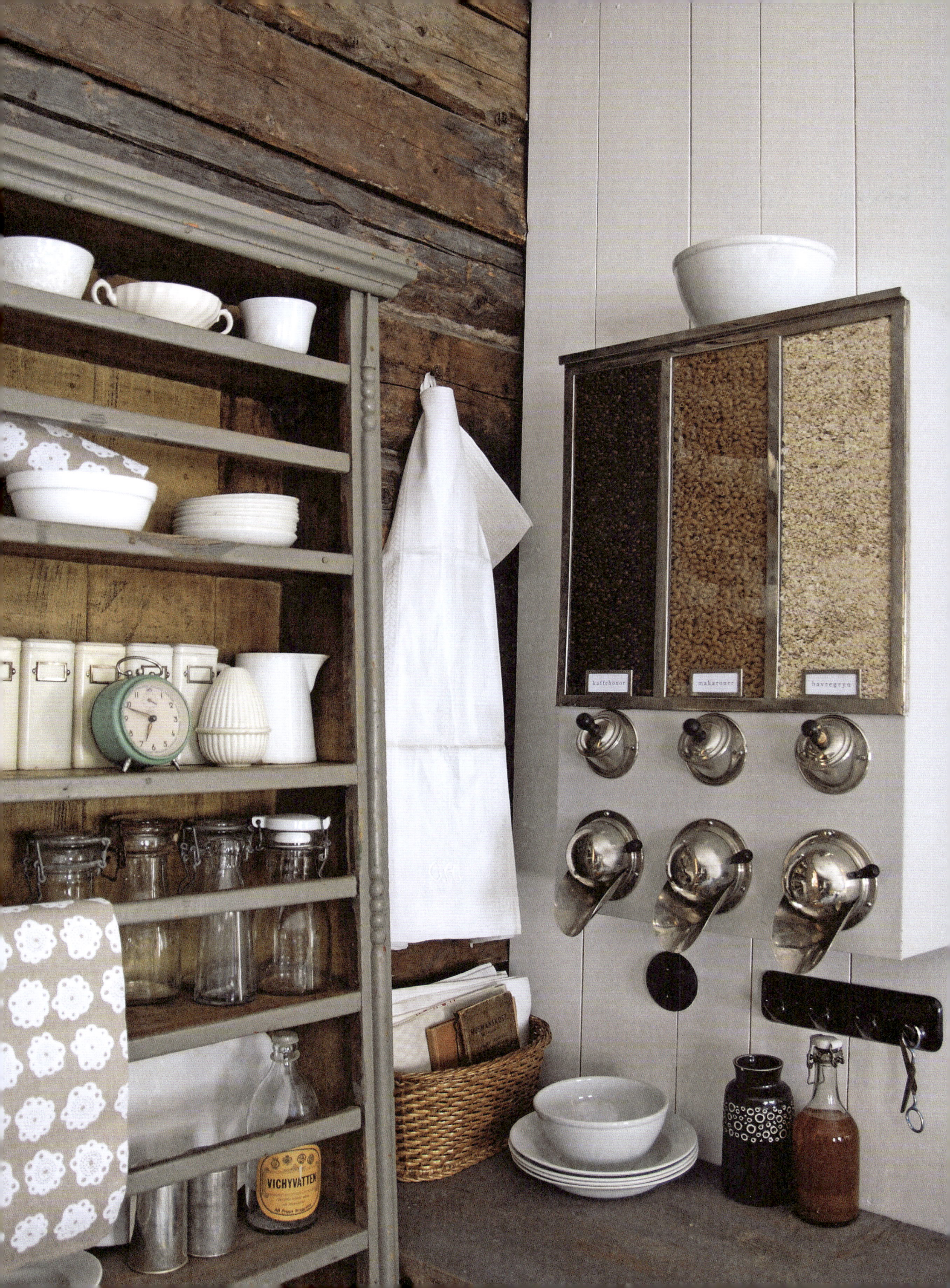
kaffebönor
makaroner
havregryn
VICHYVATTEN

Muttertag

Am zweiten Sonntag im Mai ist Muttertag. Da bekommt Mama das Frühstück ans Bett serviert, mit einem frischen Blumenstrauß und einem kleinen Geschenk.

„Muttersprache heißt Muttersprache, weil die Väter nicht zu Wort kommen."

Robert Lembke

Kärlek

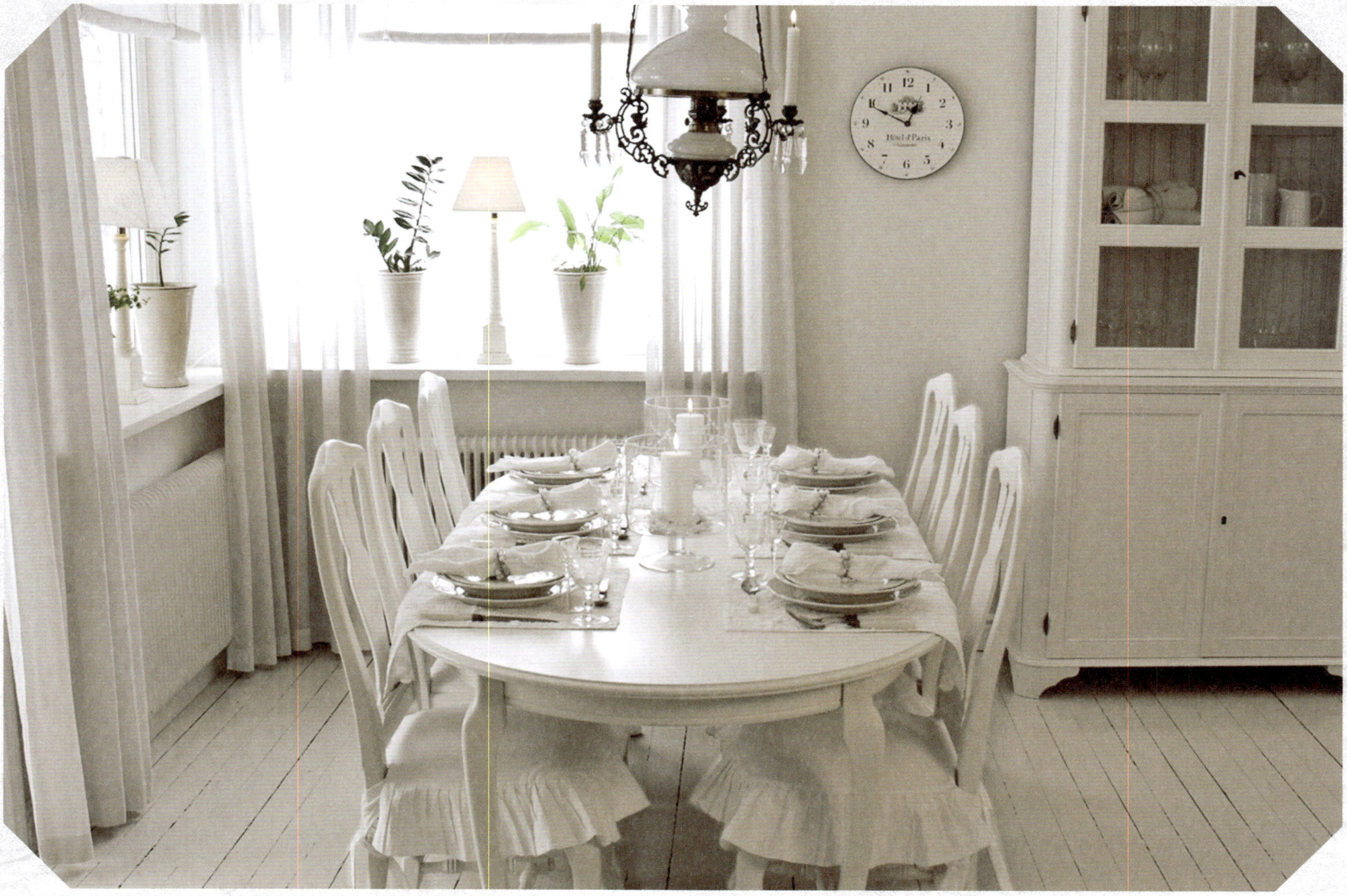

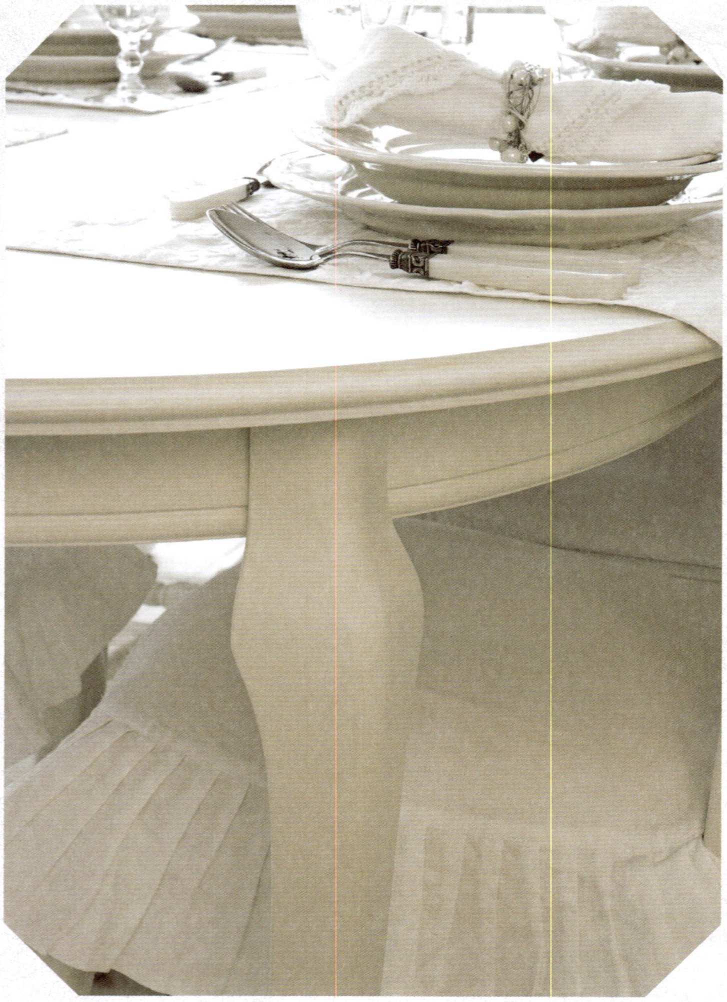

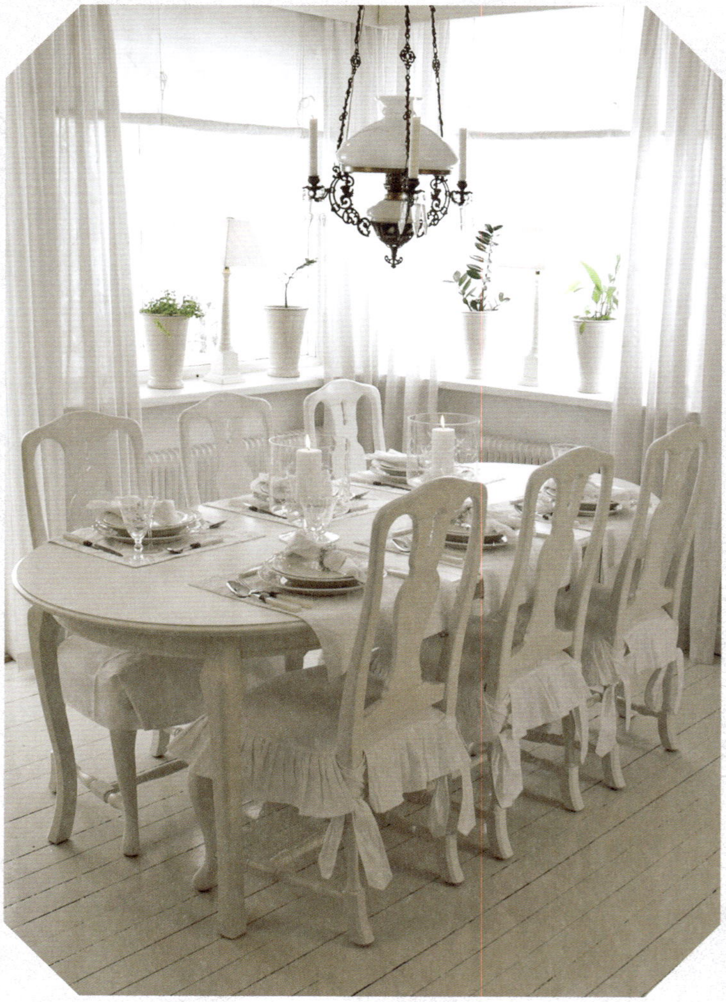

Romantik!

Pfingsten

Pfingsten ist sehr beliebt für Hochzeits- und Verlobungsfeiern. Haben Sie auch an Pfingsten Hochzeitstag? Begehen Sie ihn stilvoll mit einem romantischen Festmahl, Blumen, Pralinen und Champagner!

„Das Alter schützt uns nicht vor der Liebe, aber die Liebe schützt uns vor dem Altwerden."

Jeanne Moreau

Sinnliche Stoffe

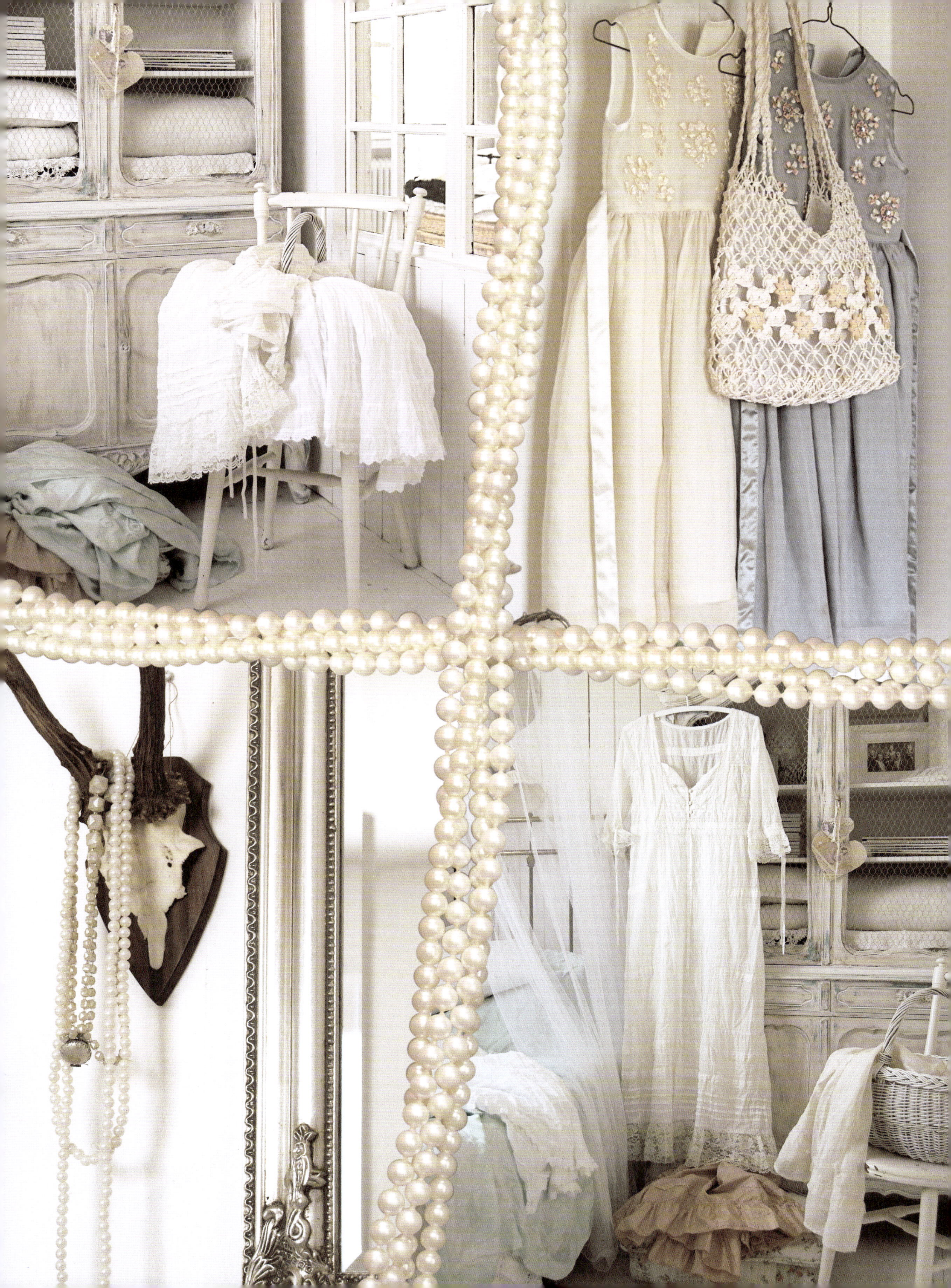

80

Was passt besser zu einem romantischen Pfingstessen als ein Semifreddo-Dessert? Das Wort kommt aus dem Italienischen und bedeutet „Halbgefrorenes." Dieses Eisdessert ist ideal, wenn Sie keine Eismaschine haben.

Ein Traum von Himbeeren und Schokolade

*200 g Zartbitterschokolade (70%),
4 Eigelbe, 2 EL Zucker, 2 EL Rum,
4 Eiweiß, 3 EL Zucker, 200 ml Sahne,
200 ml griechischer Joghurt, 150 g Muscovadozucker*

Garnierung:
Geraspelte weiße Schokolade und frische Himbeeren

Die Schokolade im Wasserbad oder in der Mikrowelle schmelzen. Die Eigelbe mit 2 EL Zucker schaumig schlagen, die Eiweiße mit 3 EL Zucker sehr steif schlagen. Die Sahne steif schlagen und den Joghurt darunter heben. Die Eigelbmischung unter die Schokolade heben, dann den Rum, die Joghurt-Sahne-Mischung und danach den Eischnee zugeben. Zuletzt den Großteil des Muscovadozuckers drunterheben; es sollen sich kleine Zuckerklümpchen bilden. Die Masse in einen Behälter geben und mit dem Rest des Zuckers bestreuen. Mindestens vier Stunden in den Gefrierschrank stellen, dann mit Himbeeren und Schokolade garniert servieren.

Sind jetzt endlich Ferien, Mama?!

Denken Sie daran, dass das Auge mitisst! Es lohnt sich immer, das Essen so schön wie möglich zu servieren.

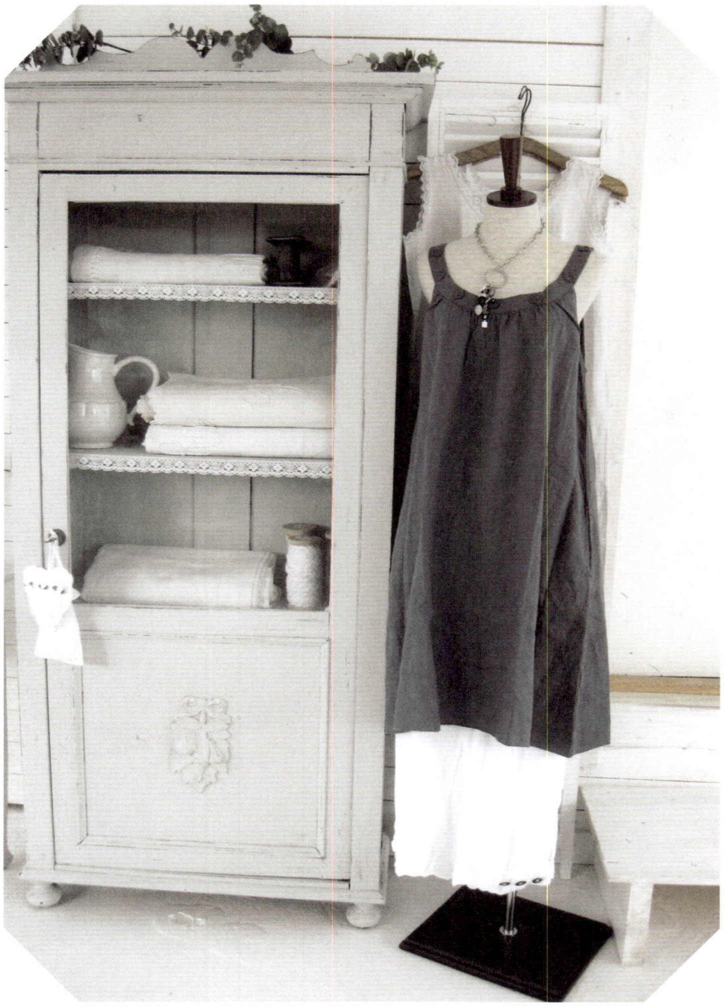

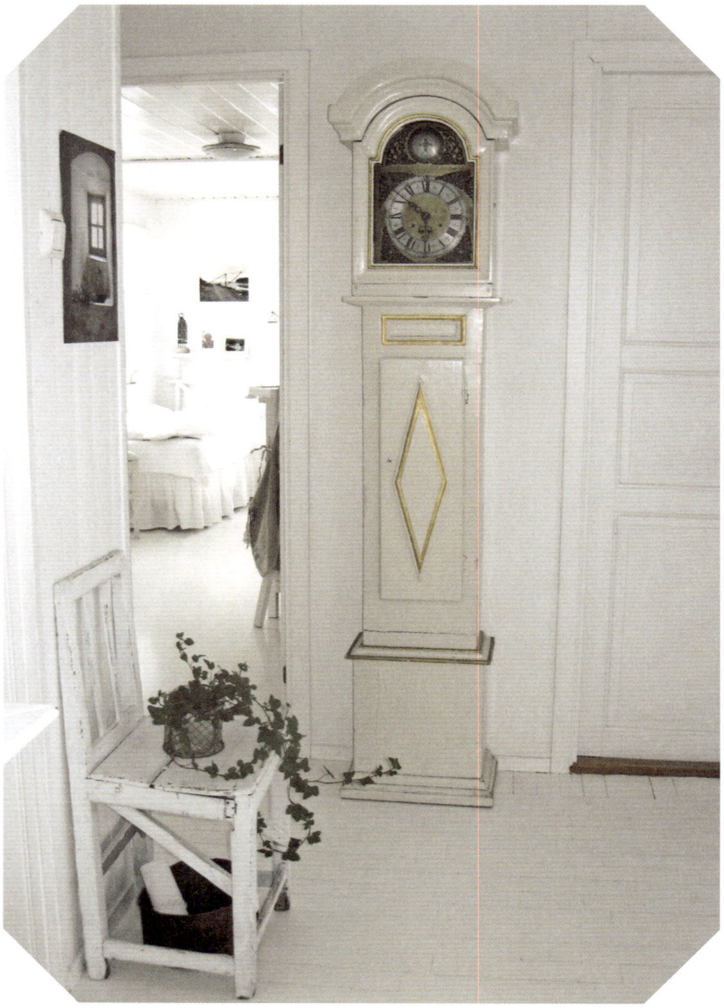

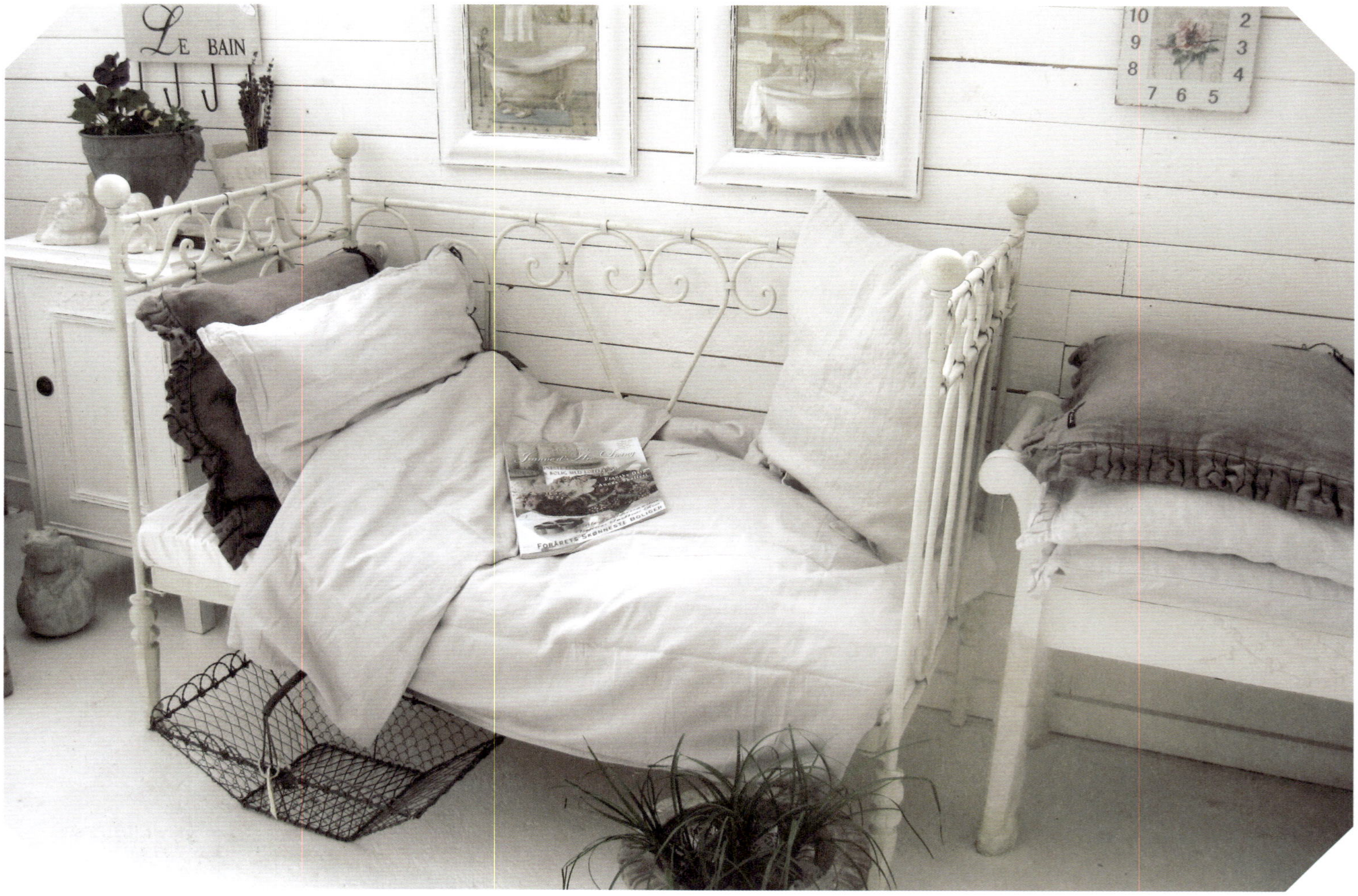
LE BAIN
10 2
9 3
8 4
7 6 5

Willkommen!

Wenn die beste Freundin ...

... mit Familie zu Besuch kommt, sollen sich die Gäste vor allem bei Ihnen wohlfühlen und wissen, dass sie hochwillkommen sind.

Stellen Sie jedem Gast einen kleinen Korb mit Gästehandtuch, einer Zeitschrift, einer Leckerei und ein paar Blumen ans Bett.

Bleiben die Gäste länger, so brauchen sie einen Platz, an dem sie ihre Sachen aufhängen können. Fehlt der Schrank, tut es auch ein Garderobenbrett oder ein Kleiderständer.

Ein Korb oder ein dekorativer Behälter mit Shampoo, Seife, Badesalz und Körpermilch gibt dem Gästebad einen Hauch von Luxus.

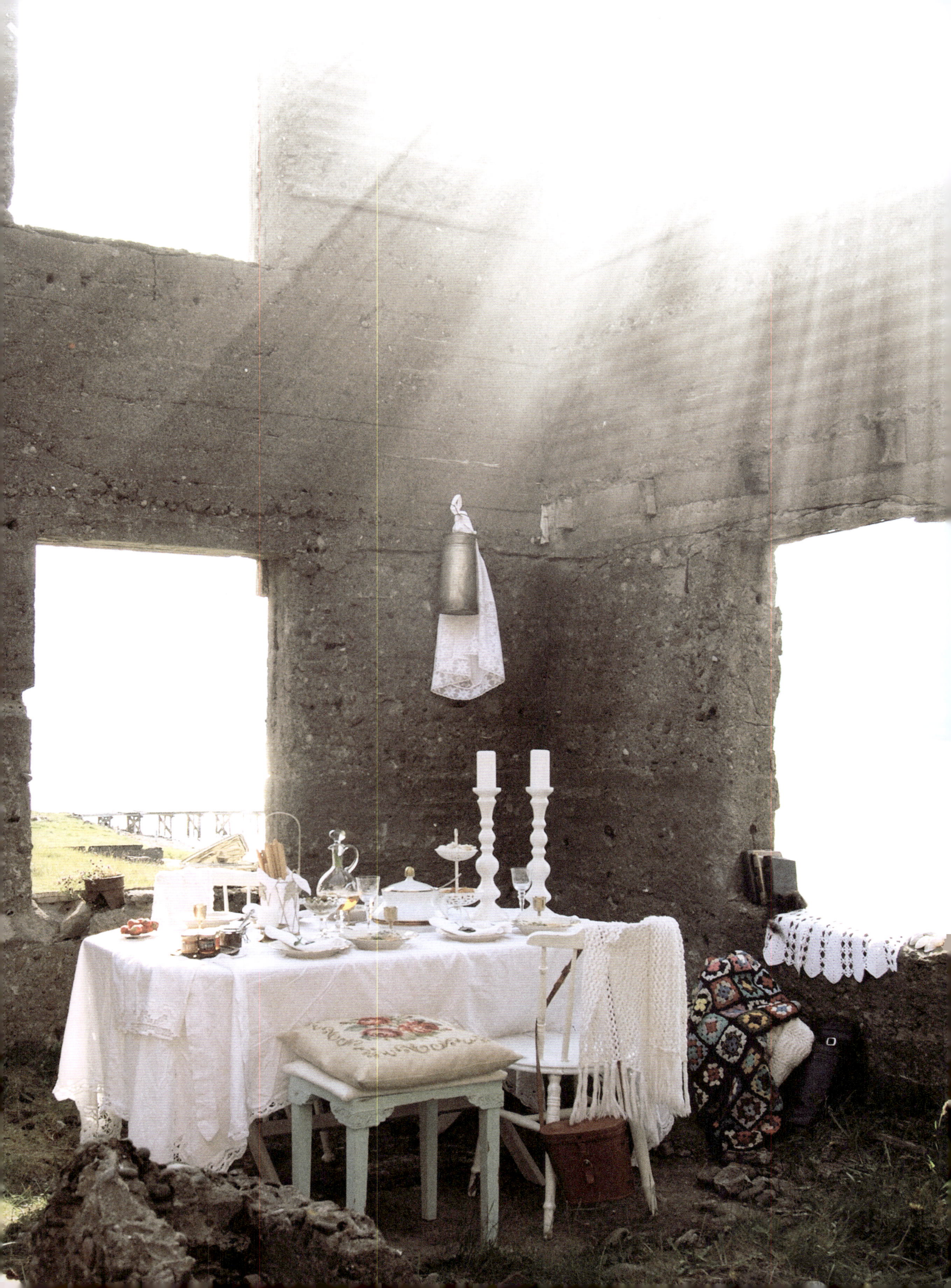

Vier Wände im Freien

Jeden Sommer zieht es die Geschwister an diesen Ort weit draußen an der Fjordmündung. Hier wird der Tisch mit Großmutters bestem Damast und Porzellan gedeckt. Dann werden Wiesenblumen gepflückt und alte Familiengeschichten erzählt.

Wie damals die jungen Leute am Kai tanzten. Und wie Großmutter und Großvater sich dabei kennenlernten.

So ein Tag voller Nostalgie ist eine magische Zeit. Hier in den rohen Wänden, die einmal weiß gekalkt waren, von längst Vergangenem träumen. Die Sonne taucht einen Platz nach dem anderen in ihr helles Licht, als wolle sie die Vergangenheit für einen kleinen, verzauberten Augenblick wieder zum Leben erwecken.

Inmitten einer Sinfonie von Stille und Meeresrauschen, das von den Hoffnungen und Träumen einfacher Menschen erzählt.

Von damals, als die Kinder in der Erwartung des Vaters den Tisch deckten. Endlich tauchte sein Boot am Horizont auf. Die Mutter stand derweil in der Küche, buk Pfannkuchen und summte lächelnd eine fröhliche Weise. Dieselbe Weise, nach der sie damals am Kai getanzt hatten.

Damals am Kai, sie und er.

Die Geschwister lassen sich die Hummersuppe schmecken, die schon die Großmutter serviert hatte, an einem Sommertag wie diesem. Und auf einmal steht sie vor ihnen.

Zurück aus Zeit und Raum.

Sie winkt ihnen lachend zu und dreht sich mit Großvater im Tanz. Die Feen tanzen ihren Schleiertanz um sie herum und summen das alte Lied, das einst erklang, dort am Kai, lange bevor diese vier Wände einsam standen, so verlassen im weiten Blau.

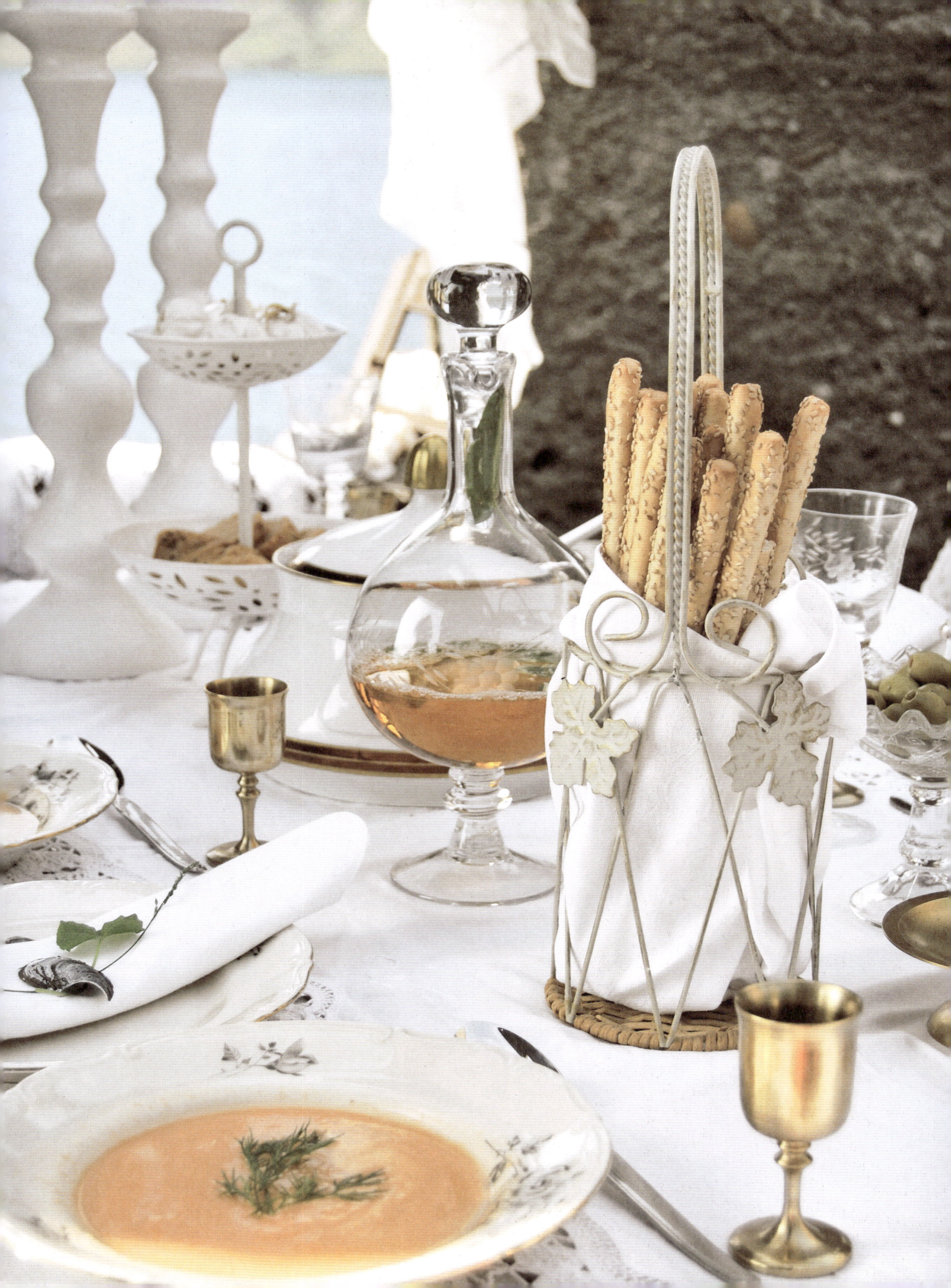

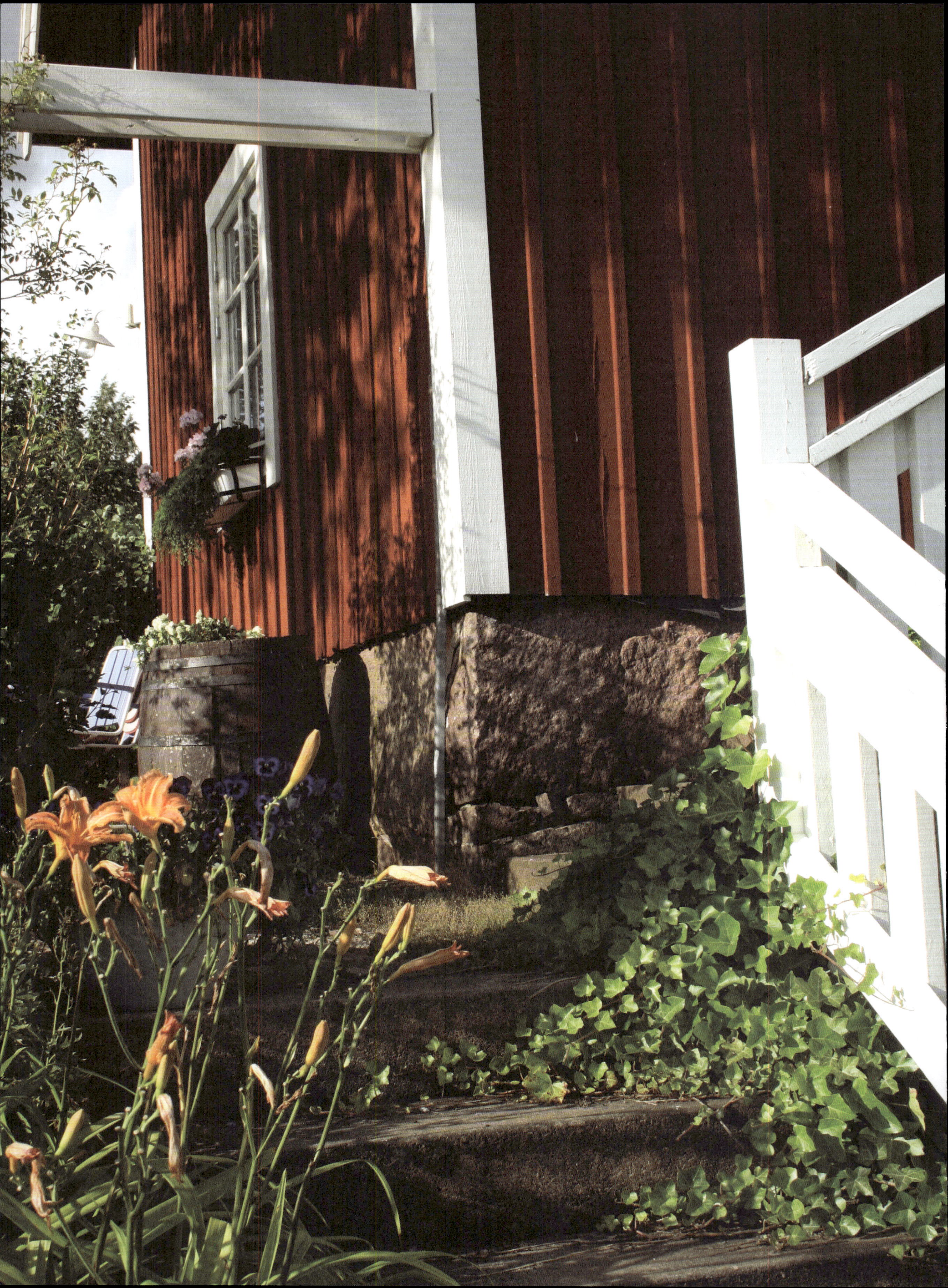

Sei mir willkommen!

FAITH
*Start where you are
then take the next step.*

Ein Platz für lange Sommertage!

Dösen...

Lange Sommertage laden ein zum Träumen und Basteln

Sind die Hände mit schönen
Dingen beschäftigt, kommen die Gedanken
zur Ruhe. Man braucht dafür nur eine stille Ecke,
wo man sich mit Papier, Schere und Klebstoff, Bildern,
Perlen, Pailletten, Spitzen und Knöpfen zurückziehen
und der Fantasie freien Lauf lassen kann.

Wer weiß, was bei der besinnlichen
Bastelstunde herauskommt: schöne Grußkarten
an die Lieben, Tischkarten, ein ganz persönliches
Geschenkpaket oder eine Collage für
die Wohnzimmerwand …

13. Juni • Tag der Waldblumen

Feiern!

„Frauenzimmerwoche"

In Schweden wird die Woche vom 19. bis zum 24. Juli „Frauenzimmerwoche" genannt, da in dieser Woche nur Frauen Namenstag haben – Sarah, Margaretha, Johanna, Magdalena, Emma und Christina. Damit die Woche komplett wird, wird auch der einzige Männername, Friedrich, mit eingerechnet, der am 18. Juli gefeiert wird.

Nach einer Bauernweisheit ist es in dieser Woche meist regnerisch, und das stimmt tatsächlich mit der Statistik überein. Denn die niederschlagsreichste Zeit des Jahres fällt in Schweden in die Zeit zwischen Ende Juli und Anfang August. Aber das sollte uns nicht davon abhalten, den Sommer ausgiebig zu feiern!

Mittsommerabend

„Du bindest von Blüten den Mittsommerkranz,
dein Goldhaar im Nachtwinde weht.
Du lachst in des Vollmondes beinweißem Glanz
Der hoch in den Bergkiefern steht ..."

Rune Lindström

Er liebt mich, er liebt mich nicht …

In der Mittsommerzeit, wenn die Nächte am kürzesten und die Blumen am schönsten sind, tanzen wir barfuß und mit Blumen bekränzt um die schön geschmückte Mittsommerstange und singen Volksweisen an langen Sommerabenden. Jetzt ist die Zeit für Pellkartoffeln mit Dill, saurer Sahne und gehacktem Schnittlauch und für Erdbeeren mit Sahne.

Spät am Mittsommerabend huschen unverheiratete Mädchen aus dem Haus, um auf Feldern und Wiesen sieben verschiedene Blumen zu pflücken. Sie dürfen dabei jedoch kein einziges Wort sprechen. Mit dem Blumenstrauß unter dem Kopfkissen soll ihnen dann im Traum der Zukünftige erscheinen.

Essbare Blumen

Es gibt eine Menge Blumen, die man essen kann. Viele Kräuter, wie zum Beispiel Gurkenkraut, Majoran, Koriander, Thymian und Rosmarin haben hübsche Blüten, die besonders im Salat sehr dekorativ sind. Die lila Blüten des Schnittlauchs sind nicht nur eine schöne, sondern auch sehr leckere Beilage zum Heringsteller. Schnittlauch ist bei den Fischern seit jeher ein beliebtes Küchenkraut gewesen.

Viele Blüten von Gartenblumen sind ebenfalls essbar, zum Beispiel Nelken, Rosen, Sonnenröschen, Stockrosen, Geranien, Taglilien, Stiefmütterchen und Veilchen.

Gemeinsame Mahlzeiten brauchen keinen besonderen Anlass. Sie bereiten Vergnügen und stärken das Gemeinschaftsgefühl und das körperliche Wohlbefinden bei Jung und Alt. Ein Grund mehr, um die Mahlzeiten ganz besonders bewusst zu genießen und zu inszenieren. Denn das Auge isst mit!

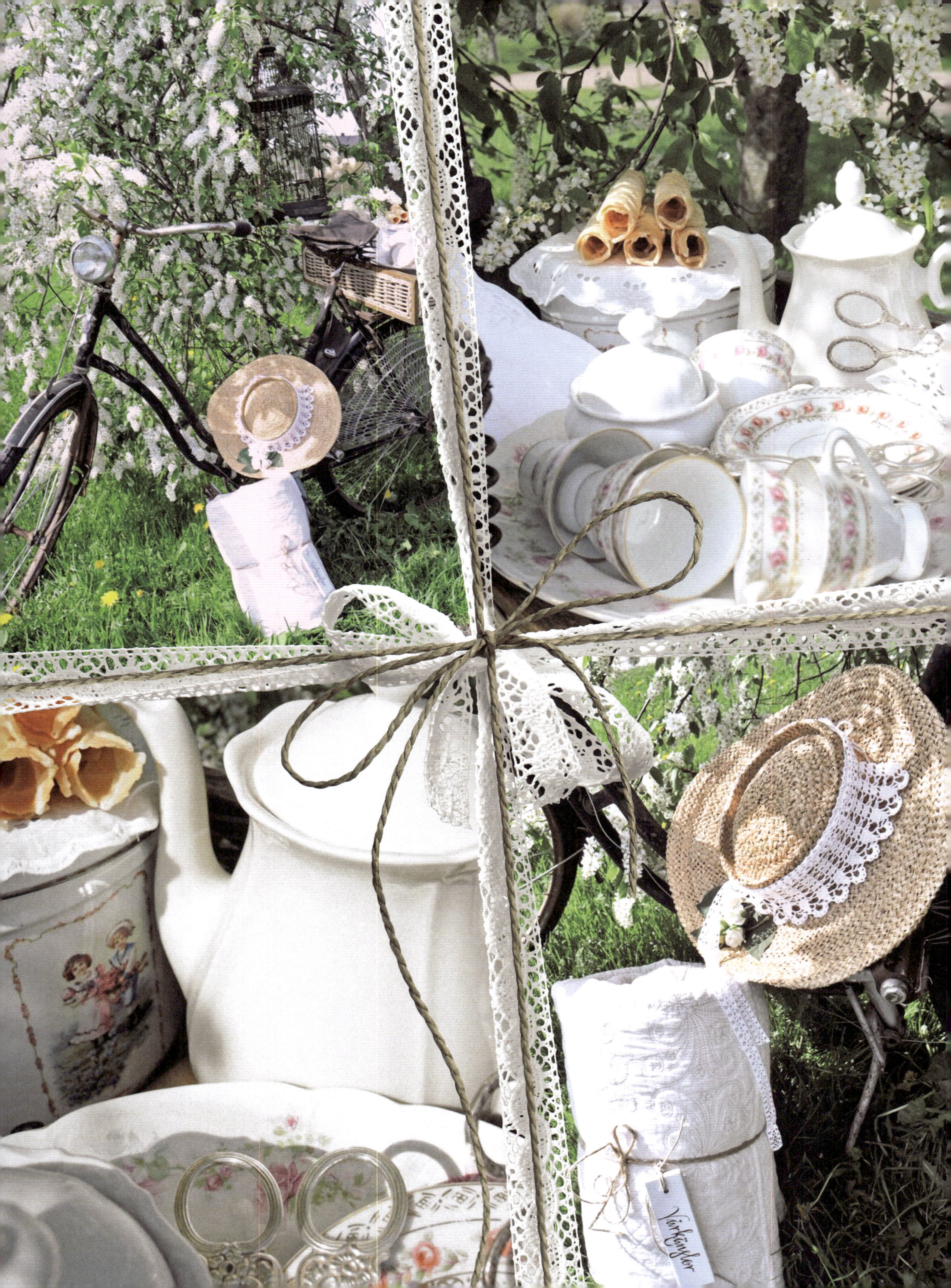
Vårkänslor

99

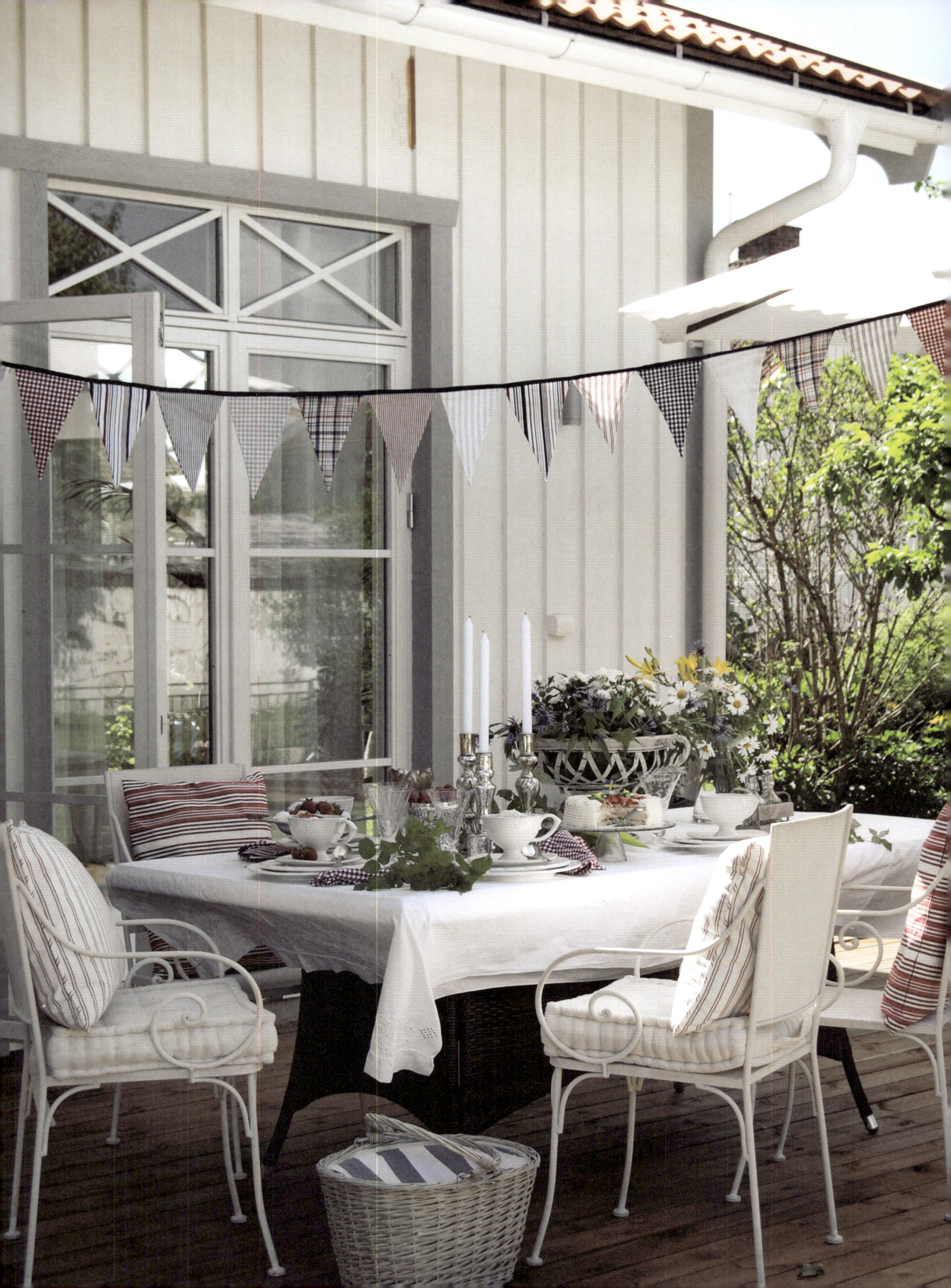

101

Faulsein!

27. Juli • Siebenschläfertag

„Faulsein ist wunderschön,
denn die Arbeit hat noch Zeit.
Wenn die Sonne scheint
und die Blumen blühn,
ist die Welt so schön
und weit."

Astrid Lindgren

103

Kreative Stunden!

Rege Hände
geben dem Körper
Kraft, dem Geist
Bewegung und
der Seele Ruhe.

Tu, was du kannst,
mit dem, was du hast,
dort, wo du bist!

„Kräftpremiär"

Anfang August ist die Zeit des „Kräftpremiär", des traditionellen Krebsessens in Schweden, mit dem gleichzeitig auch das Ende des Sommers zünftig begangen wird.

Schwedische Krebstafel
Sind keine frischen Krebse zur Hand, eignen sich tiefgefrorene ebenso gut. In Schweden bringt oft jeder Gast eigene Krebse mit. Gute Zangen zum Aufbrechen der Scheren nicht vergessen!

Unverzichtbar dazu sind Pfifferlinge und viel frischer Dill, Weißbrot oder Baguette und kräftiger Käse. In Schweden bevorzugt man hier „Västerbottenost", einen kräftigen Hartkäse, der ein wenig an Parmesan erinnert. Dazu passt auch eine schöne Quiche. Getrunken wird helles oder dunkles Bier und klarer Schnaps, nach Geschmack mit Mineralwasser verdünnt.
Zum Nachtisch schmeckt Wassermelone oder Vanilleeis mit frischen Himbeeren.

In Schweden gehört zu einem zünftigen „Kräftpremiär" fröhliche Volksmusik, bei der aus vollem Halse mitgesungen wird. Man trägt dabei auch „Krebshüte" aus Pappe, die man extra zu diesem Anlass kaufen kann.

Mondscheinsalat

Für 10 Portionen:
250 ml Mayonnaise, 250 ml Milch, 2 ½ EL Sherryessig, 150 g geriebener Parmesan, 2 ½ gepresste Knoblauchzehen, grob gemahlener schwarzer Pfeffer, 10 Scheiben Weißbrot, 200 ml Speiseöl, Salz, 3 Päckchen Frühstücksspeck, 2 ½ Köpfe Romanasalat

Mayonnaise, Milch und Essig mit der Hälfte des Parmesans und dem Knoblauch zu einem Dressing rühren und mit Pfeffer abschmecken. Das Brot in kleine Würfel schneiden und in der Pfanne zu goldbraunen Croutons rösten. Den Frühstücksspeck rösch braten. Den Salat grob hacken, mit Speck, Croutons und dem restlichen Parmesan mischen und mit dem Dressing übergießen.

Liebe ist das Kraut, das jedes Essen würzt.

Tipp: Stellen Sie Schalen mit Zitronenwasser auf den Tisch, damit man sich beim Krebsessen zwischendurch die Hände waschen kann!

Zum Wohl!

Krebstorte für 10 Personen

8 Scheiben Hönökaka (schwedisches Fladenbrot, alternativ dünnes Fladenbrot), Tubenkäse mit Krebsfleisch, 200 ml Mayonnaise, 400 ml Crème fraîche, 3–4 EL Chilisauce, 1 EL Cognac, nach Geschmack 1 Selleriestange, 1 rote Paprika, 1 Schale Nordseekrabben

Belag:
100 ml Mayonnaise, 100 ml Sahne, Nordseekrabben oder Krebsschwänze, 1 Zitrone, frischer Dill, Lachsrogen, 1 hartgekochtes Ei

Das Fladenbrot mit etwas Wasser besprenkeln, damit die Torte saftiger wird. Sellerie und Paprika fein hacken. Krabben putzen. Crème fraîche, Mayonnaise, Chilisauce, Krabben, Gemüse und Cognac gut mischen. Eine Springform mit Fladenbrot auslegen und mit der Hälfte der Mischung bestreichen. Die nächste Schicht Fladenbrot auflegen und mit Tubenkäse bestreichen. Eine weitere Schicht Fladenbrot auflegen und den Rest der Mischung darauf geben. Die letzte Schicht Fladenbrot auflegen. Die Sahne steif schlagen, die Mayonnaise unterheben und die Torte damit bestreichen. Mit Klarsichtfolie abdecken und über Nacht in den Kühlschrank stellen. Mit Krebsfleisch, Zitronenscheiben, Sahne, frischem Dill und Eierschnitzen garniert servieren.

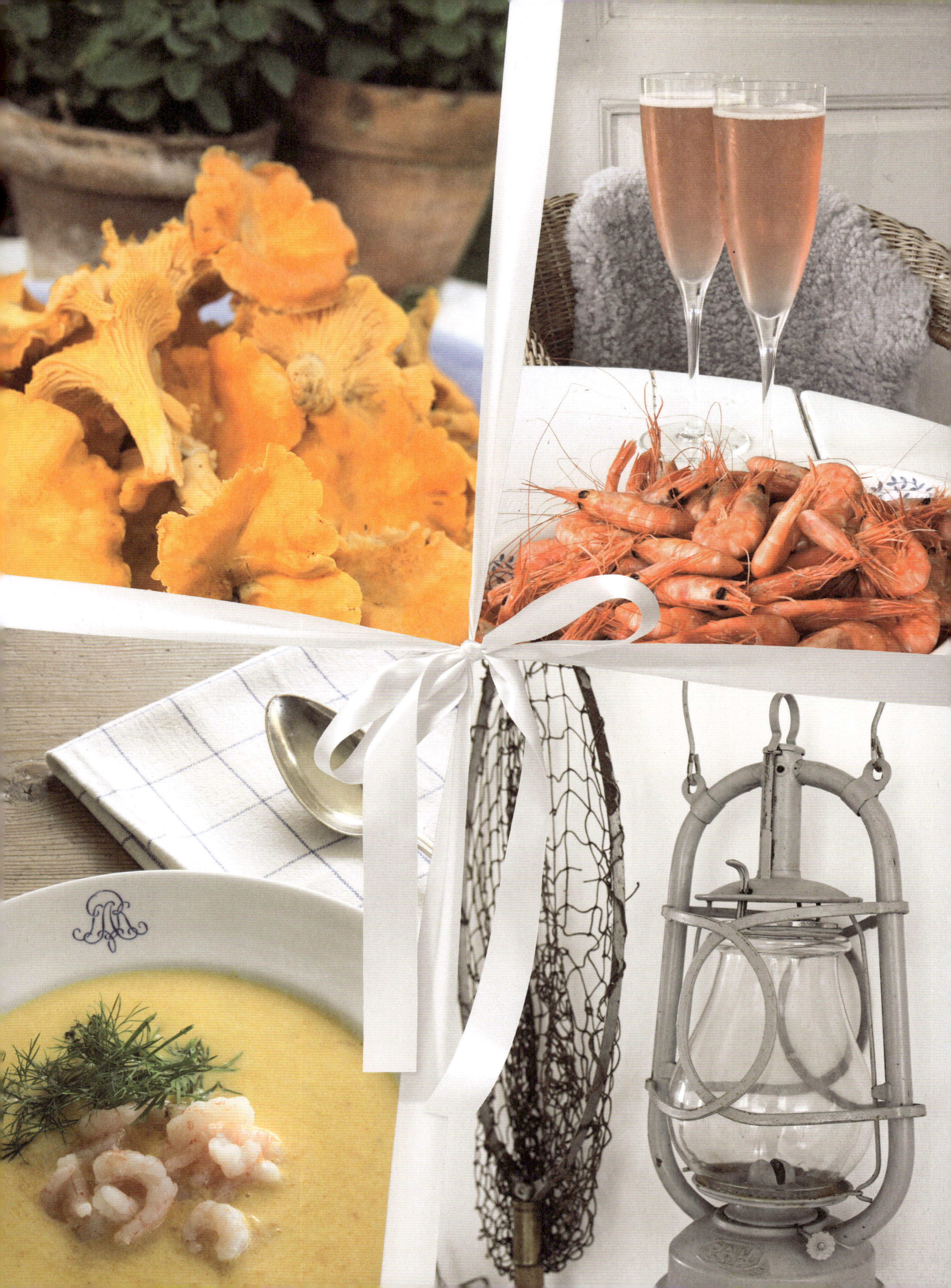

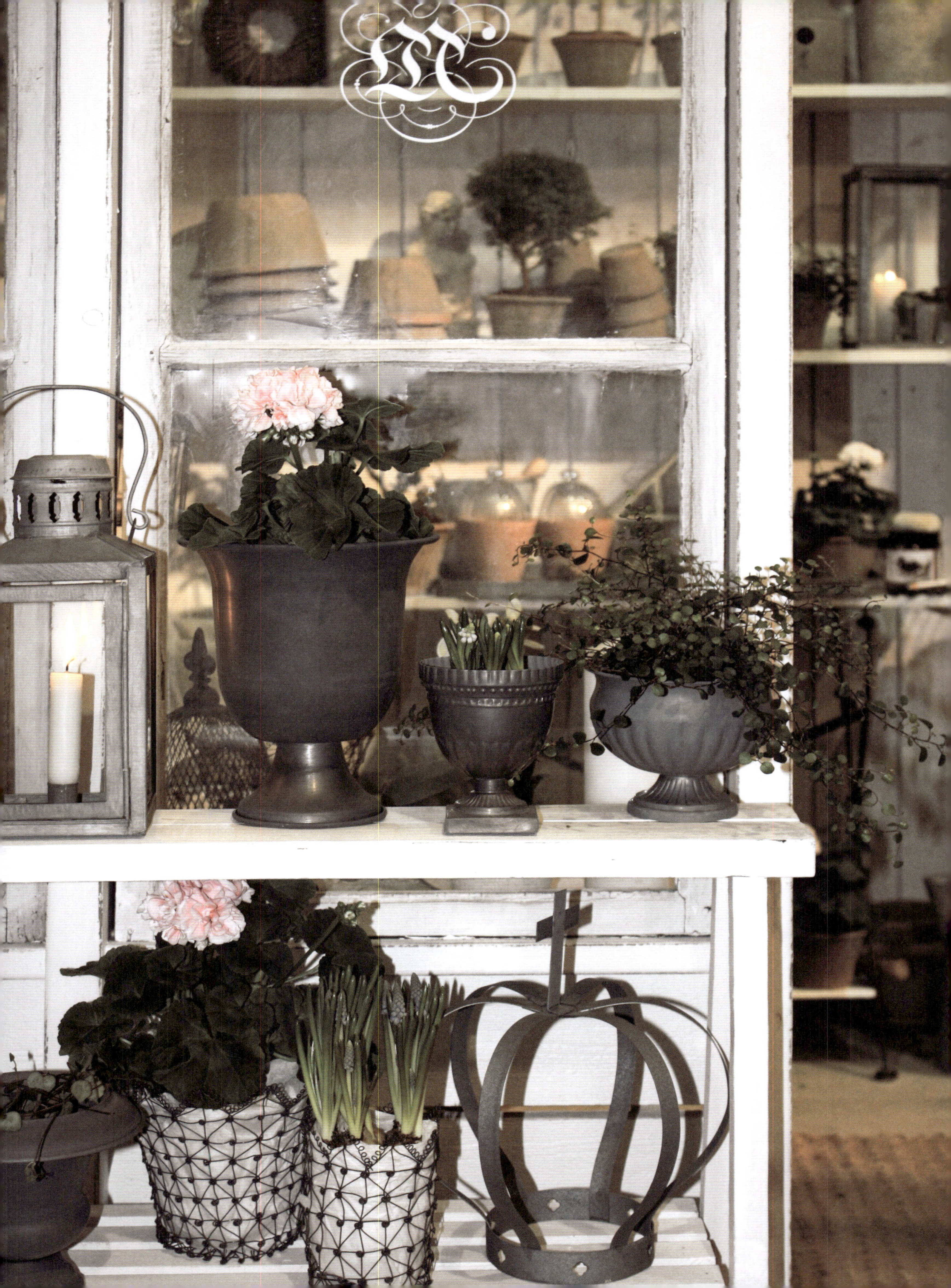

111

29. August • Tag des Porzellans
An diesem Tag beschenkt man seine Freunde mit einem schönen Stück Porzellan!

Veränderung tut gut!
Das Zuhause hält mit dem Leben Schritt.

Ob romantisch, ländlich, französisch, im Shabby Chic oder im industriellen Stil – das Wichtigste bei jedem Einrichtungsstil ist eine solide Grundlage. Sie sparen viel Zeit und Geld, wenn Sie sich auf Weiß als Grundfarbe beschränken, denn so können Sie Ihrem Zuhause im Handumdrehen durch Accessoires in einer anderen Farbe ein völlig neues Gesicht geben. Das Haus ist die Visitenkarte der Bewohner, es spiegelt ihre Vorlieben und Interessen und nicht zuletzt ihre innere Stimmung wider. Es ist daher sehr wichtig, sich zunächst einmal darüber klarzuwerden, was die Gegenstände, mit denen Sie sich umgeben, Ihnen bedeuten und was über Sie aussagen sollen.

Schauen Sie sich die Bilder auf den folgenden Seiten einmal genauer an. Sie alle stammen aus verschiedenen Wohnungen. Was gefällt Ihnen, was weniger, und wie könnten Sie das in Ihrem eigenen Zuhause umsetzen?

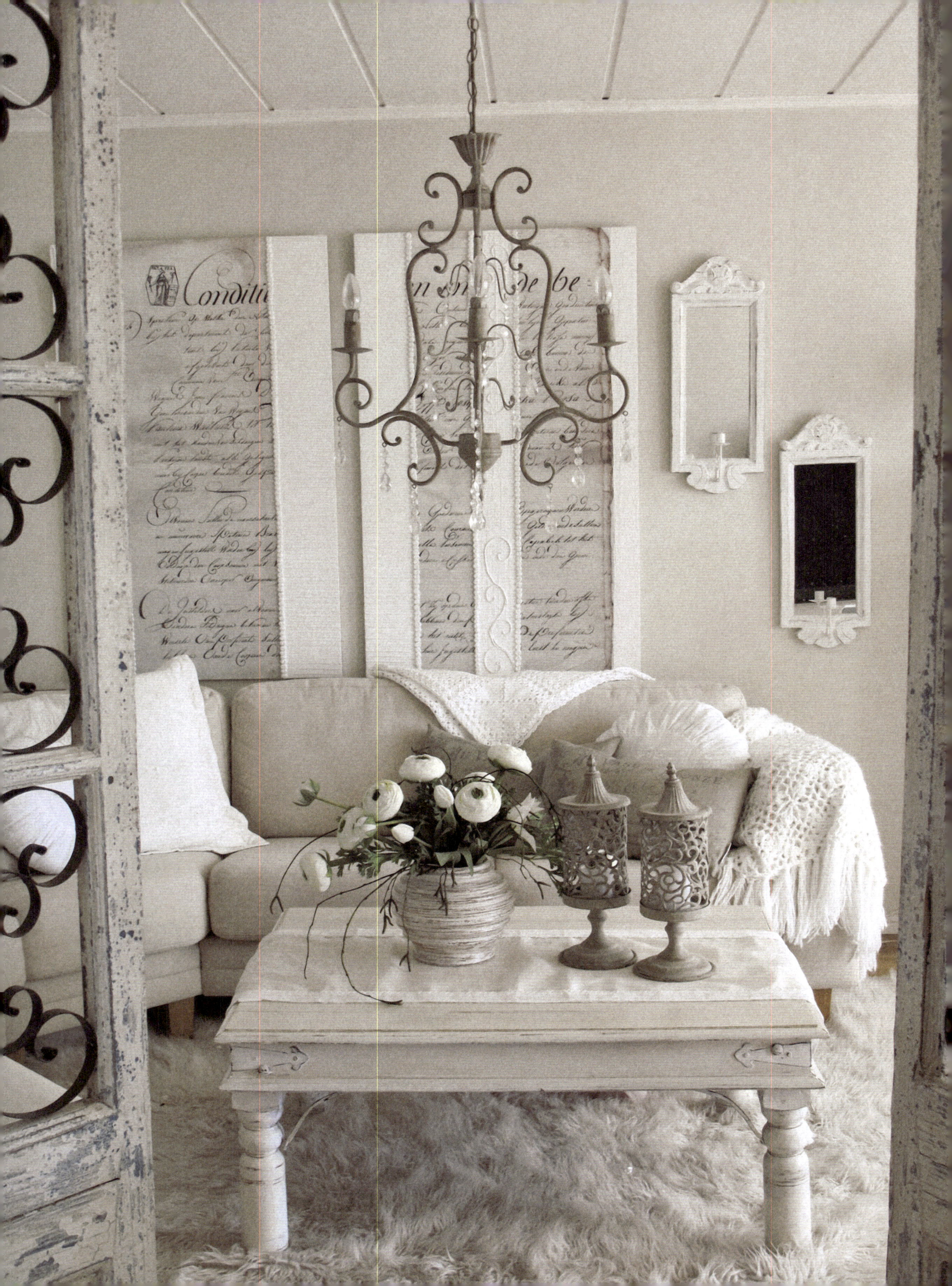

115

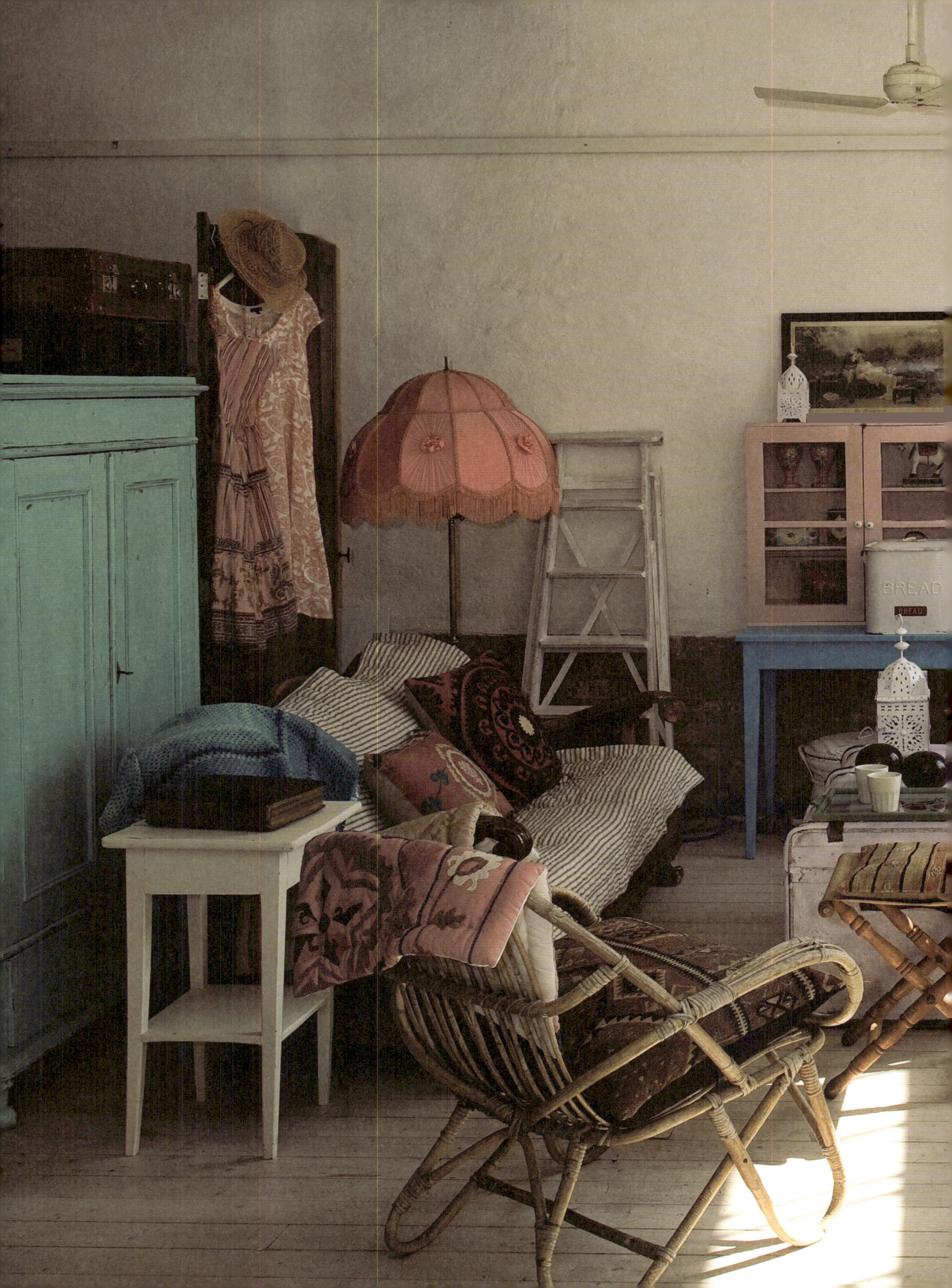
BREAD
BREAD

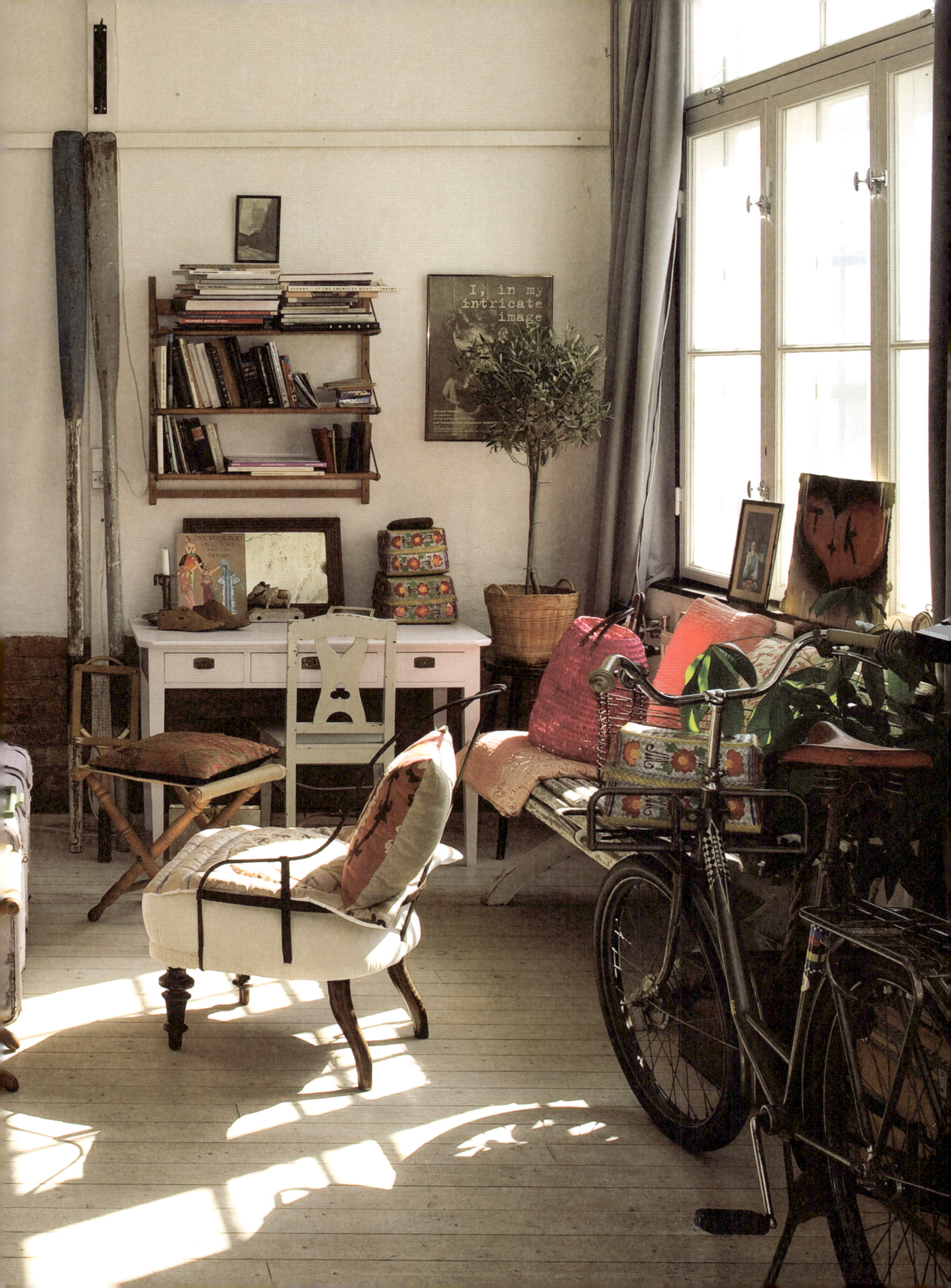
I, in my
intricate
image

HOME
Home is where your story begins.
JAN FEB MAR APR MAY JUNE
JULY AUG SEP OCT NOV DEC
SUN MON TUE WED THU FRI SAT

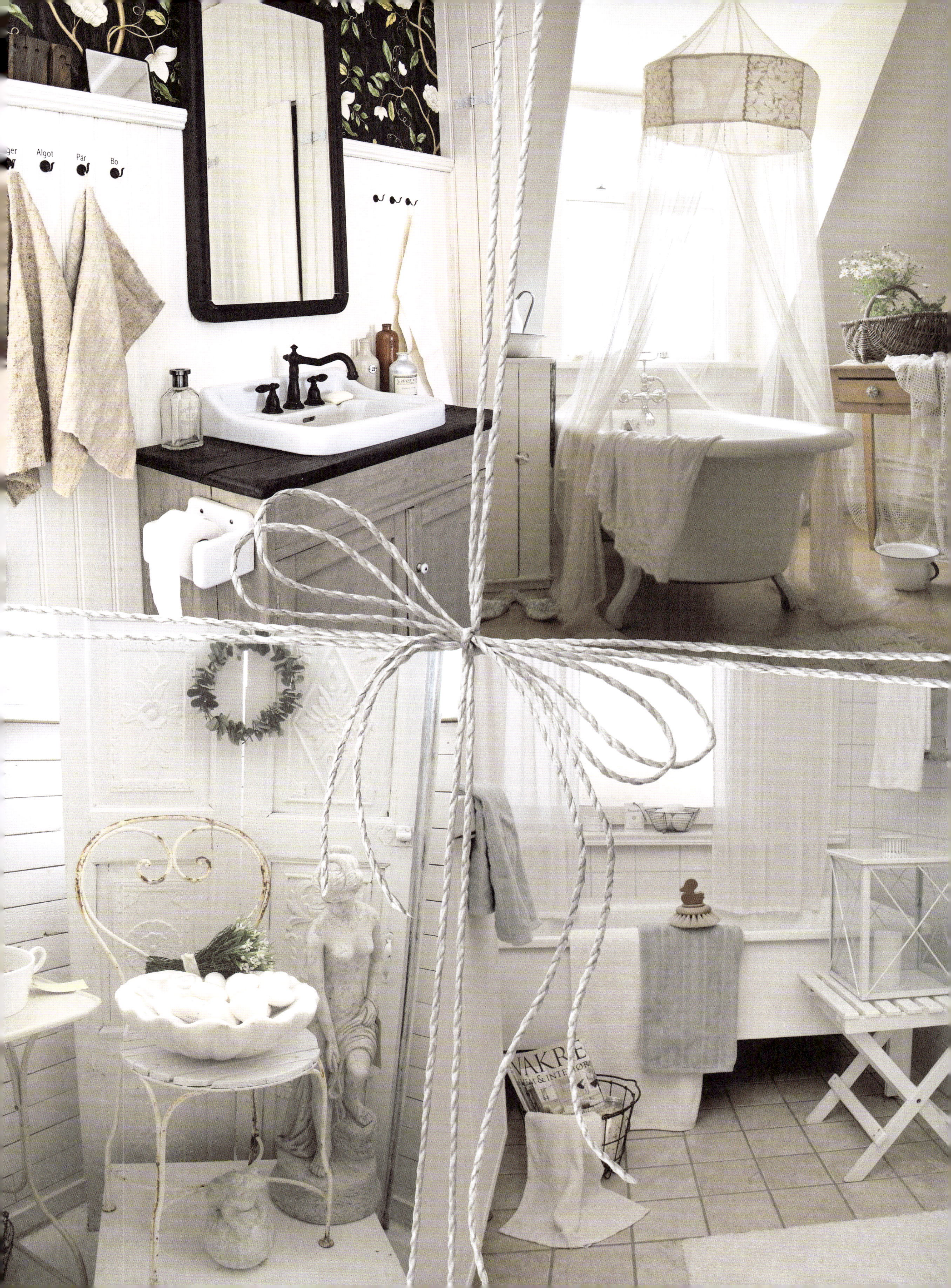
Algot
Bo
VAKRE

Ihr eigener Stil

Sich auszudrücken und sich zu verändern, ist sehr wichtig für das eigene Wohlbefinden. Dafür braucht man eine solide Basis.

Auf den folgenden Seiten sehen Sie, wie verschieden Einrichtungen mit jeweils wechselnden Accessoires wirken können.

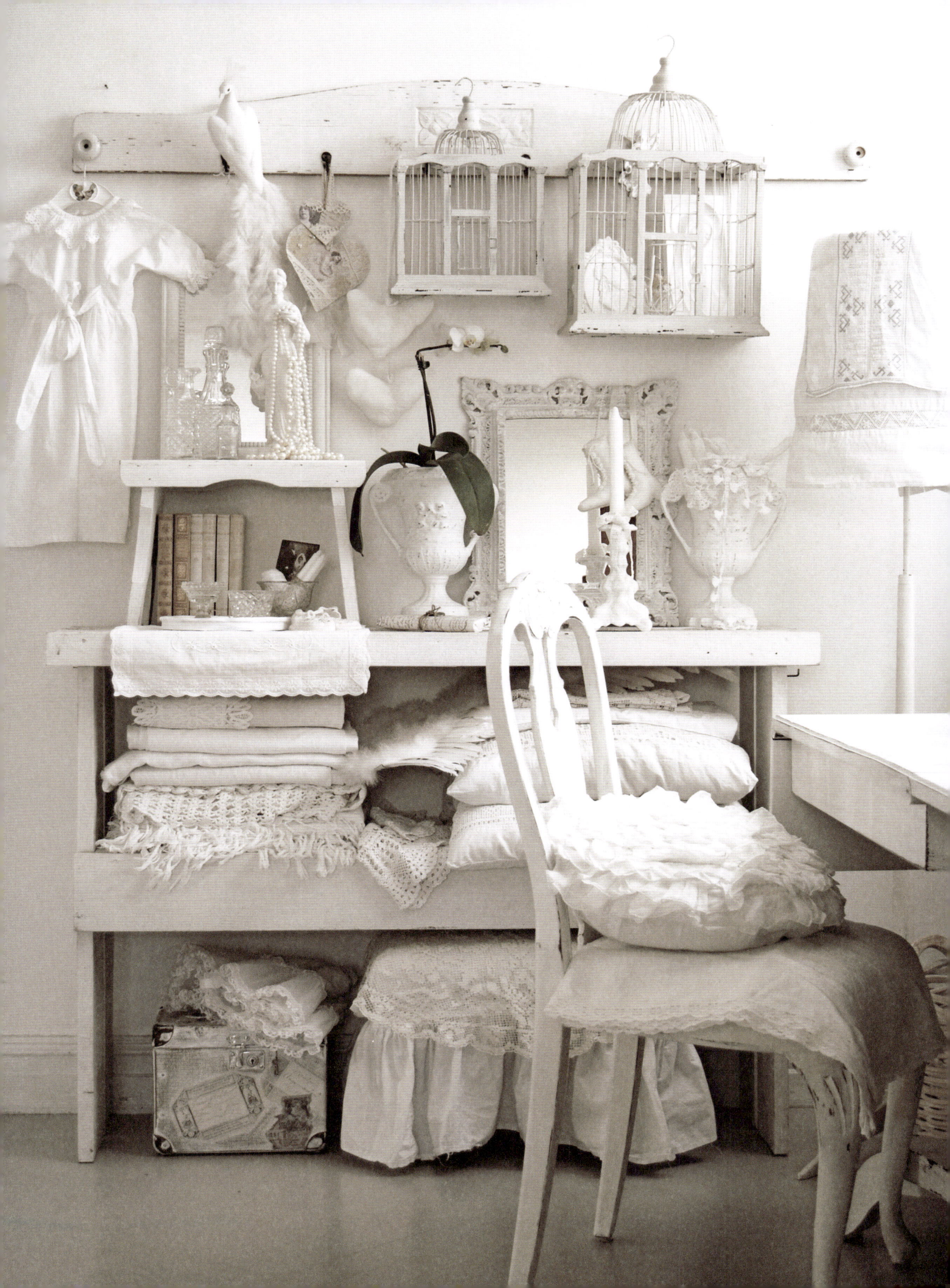

Lust auf Neues

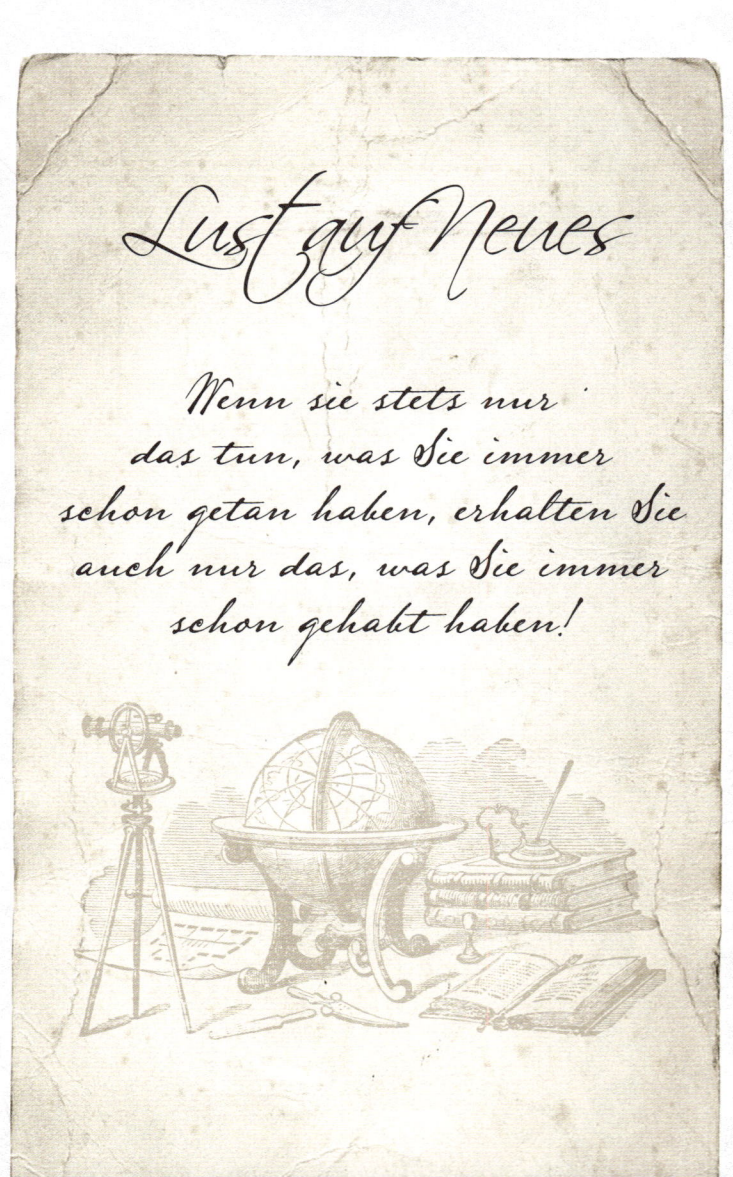

Wenn sie stets nur
das tun, was Sie immer
schon getan haben, erhalten Sie
auch nur das, was Sie immer
schon gehabt haben!

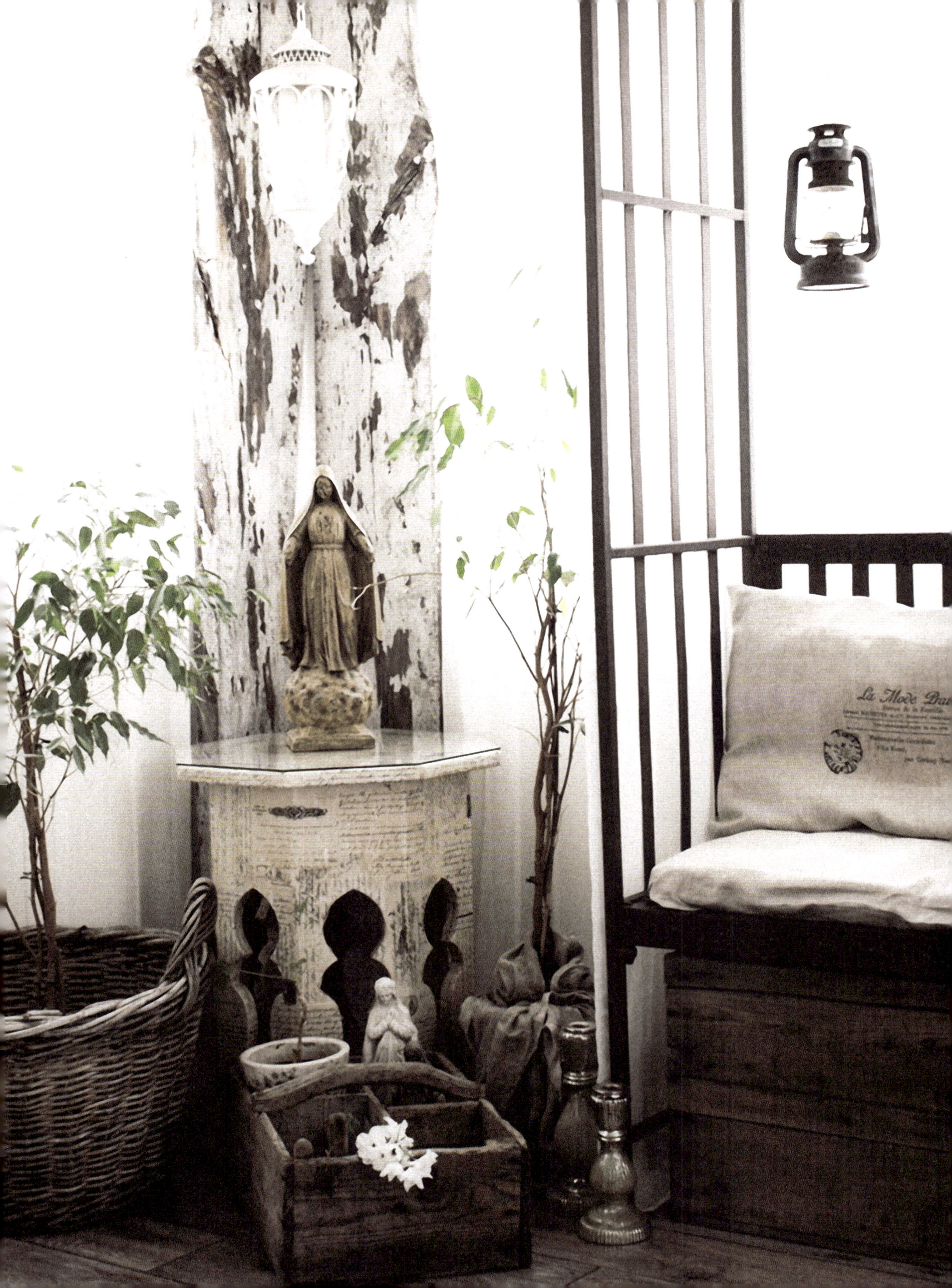
La Mode

Die Entfaltung der Persönlichkeit

Kreativ sein und Neues schaffen, befreit Körper und Seele. Schaffen Sie sich einen Raum oder eine Ecke in Ihrer Wohnung, in der Sie Ihrer Schaffenskraft freien Lauf lassen können. Dem Medium sind keine Grenzen gesetzt: Man kann kreativ sein mit Blumen, Malerei, Handarbeiten oder Kochen, um nur einige Möglichkeiten zu nennen. Wenn Sie die Kreativität in Ihren Alltag einfließen lassen, werden Sie staunen, wie viel Energie Sie auf einmal haben! Und das Ergebnis wird Sie zusätzlich mit Stolz erfüllen und Ihnen bewusst machen, wie unendlich Ihre Möglichkeiten wirklich sind.

Fotos: www.ateljeannorlunda.blogspot.com

125

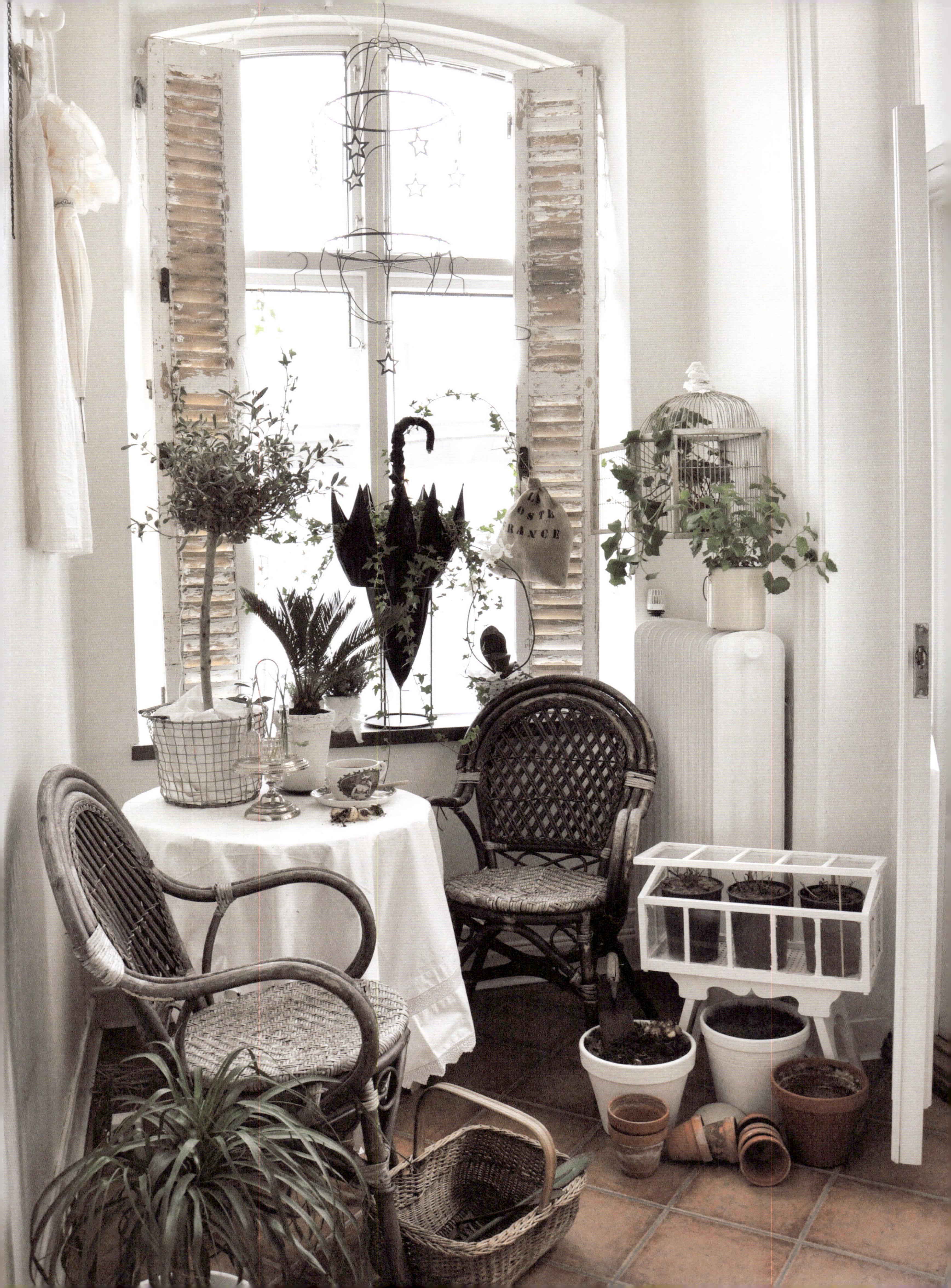
LA
OSTE
RANCE

Ein Hauch von Provence in der Wohnung

Träumen Sie von der Provence? Von einer eigenen Orangerie? Nichts ist unmöglich! Jessa und ihr Partner haben ihre Träume vom sonnigen Süden in der eigenen Wohnung wahr gemacht. Beim Betreten dieser Wohnung im schwedischen Värmland glaubt man, mitten in einem provençalischen Dorf zu stehen.

Hier wird die Teestunde zu einem kreativen Erlebnis, bei dem das Angenehme mit dem Nützlichen verbunden wird, denn Jessa hält Arbeitsbesprechungen gern in der Wohnung ab.

Fotos von Jessa finden Sie auf den Seiten 126–129.

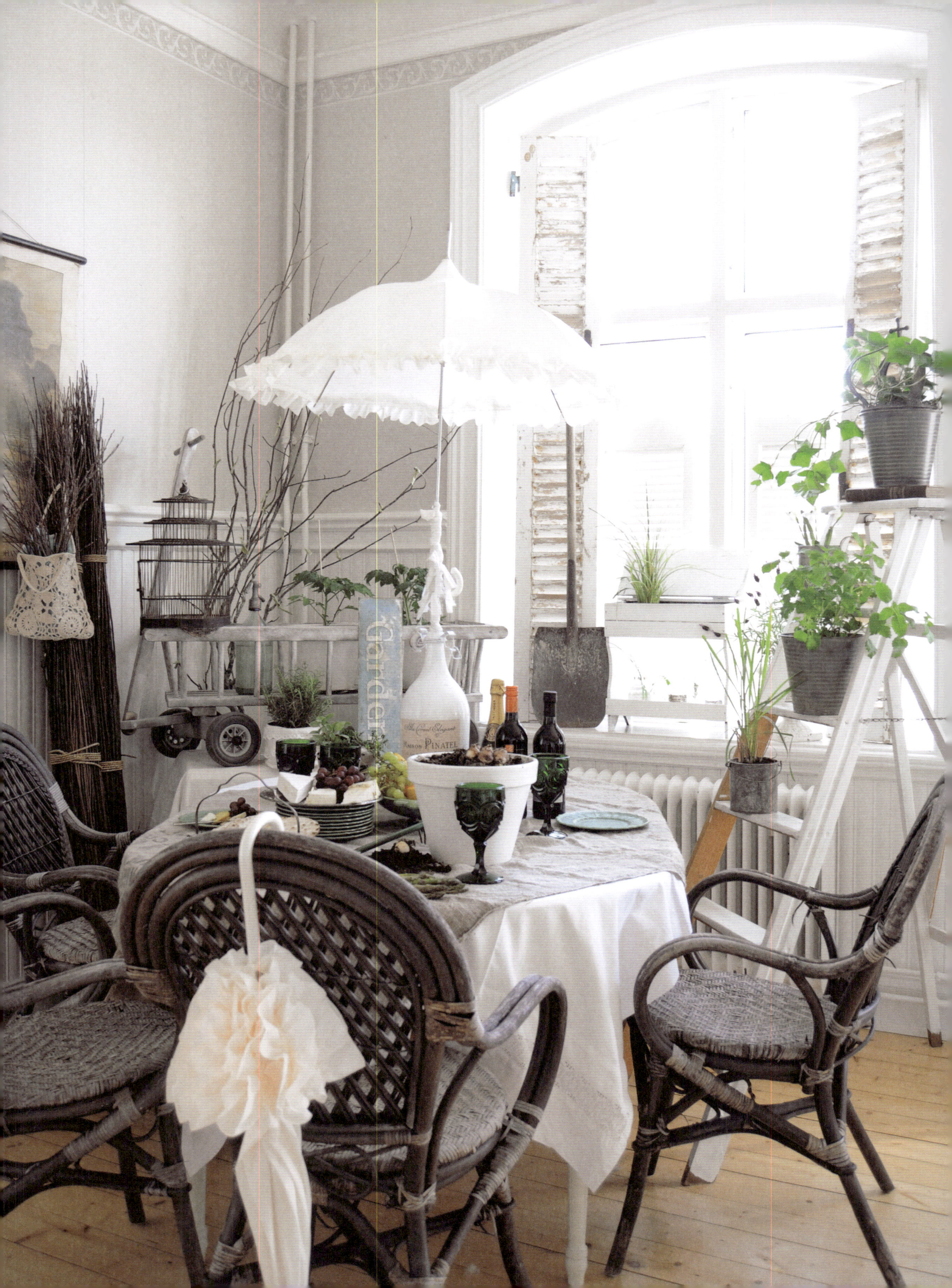
Garden

Wertschätzung

Wenn wir das in
Ehren halten, was das Leben
uns schenkt, wird es
uns nie an etwas fehlen.

Wenn wir nur über das klagen,
was wir nicht haben, werden wir
immer Mangel leiden.

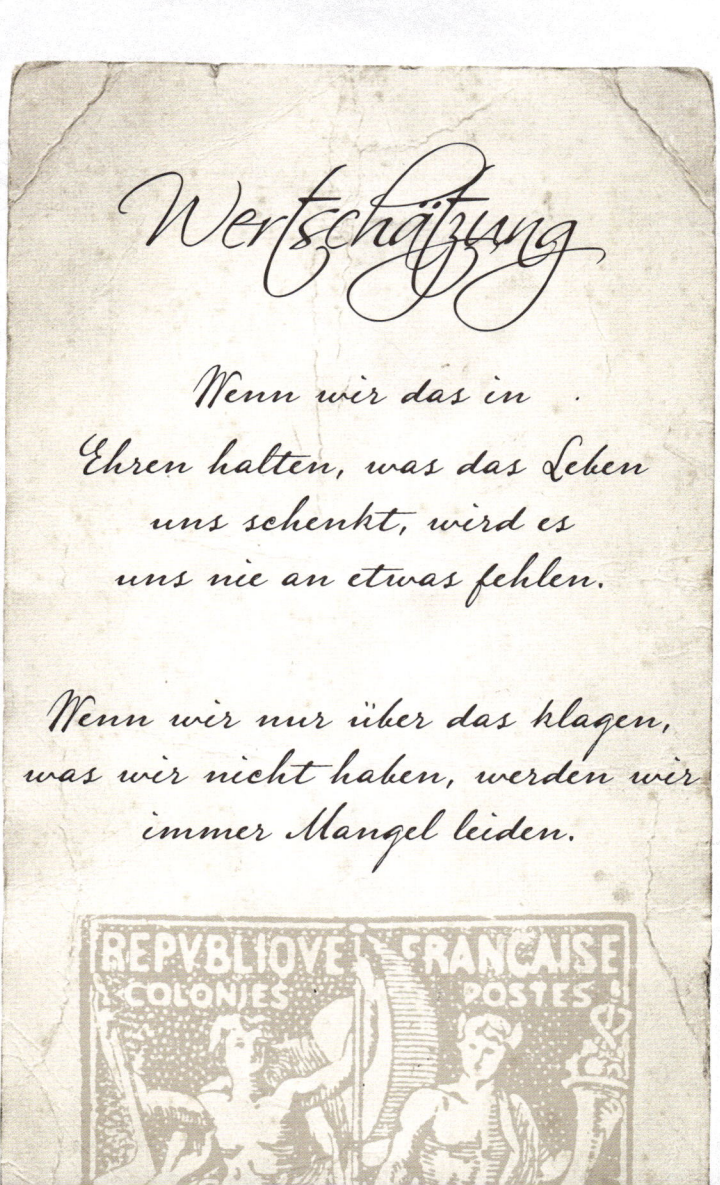

La maison est où le cœur est...

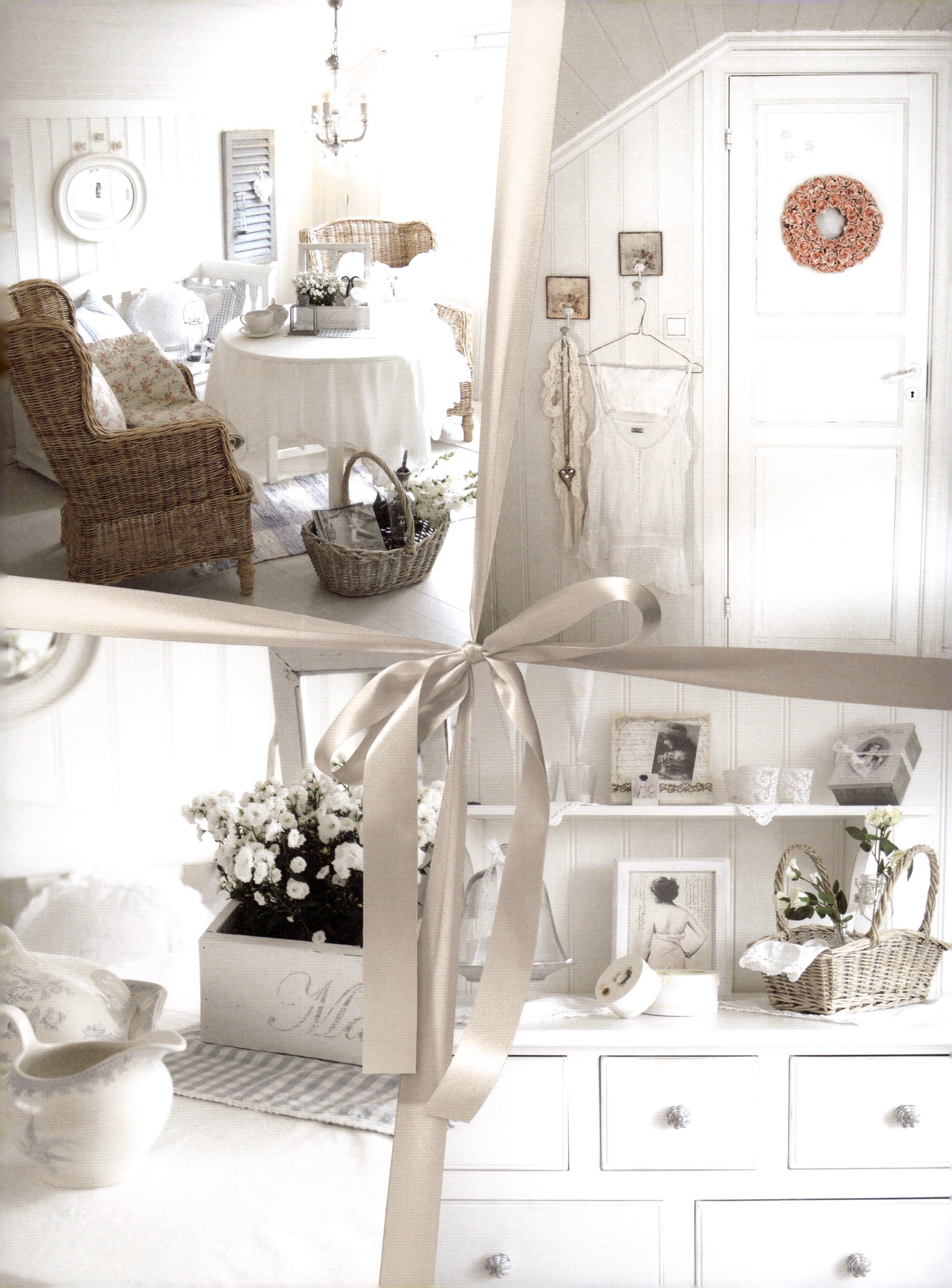

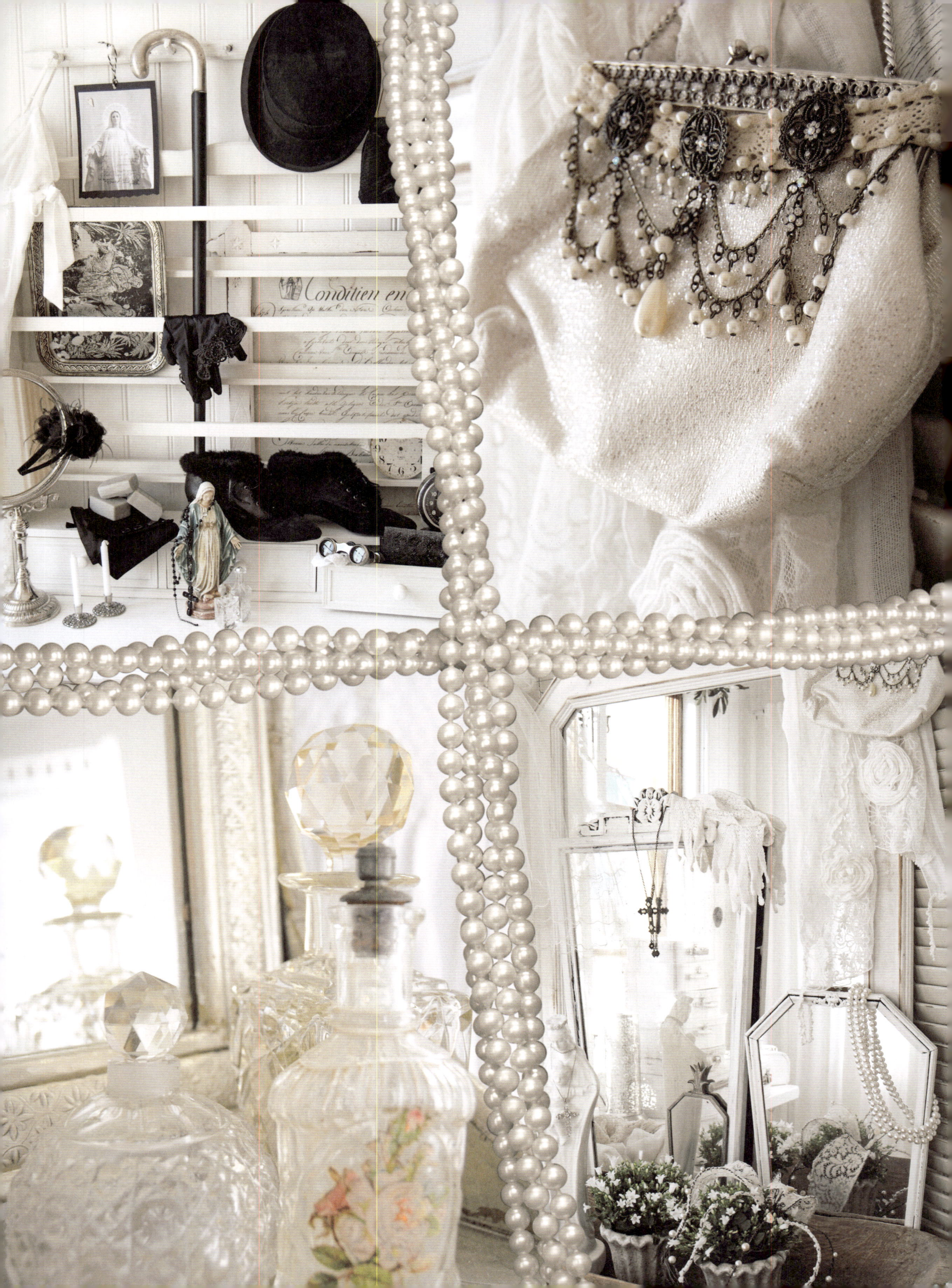
Conditien en

Wer innere Schönheit besitzt, erkennt auch die Schönheit in allem, was uns umgibt.

„Schläft ein Lied in
allen Dingen,
Die da träumen
fort und fort,
Und die Welt hebt
an zu singen,
Triffst du nur
das Zauberwort."

Joseph von Eichendorff

Sommerduft

Holen Sie sich einen Hauch von Sommerduft in den Wäscheschrank!

Was gibt es Schöneres als frische Bettwäsche, die draußen im Sommerwind auf der Leine getrocknet ist?

hell & zauberhaft

Conditien ende be=

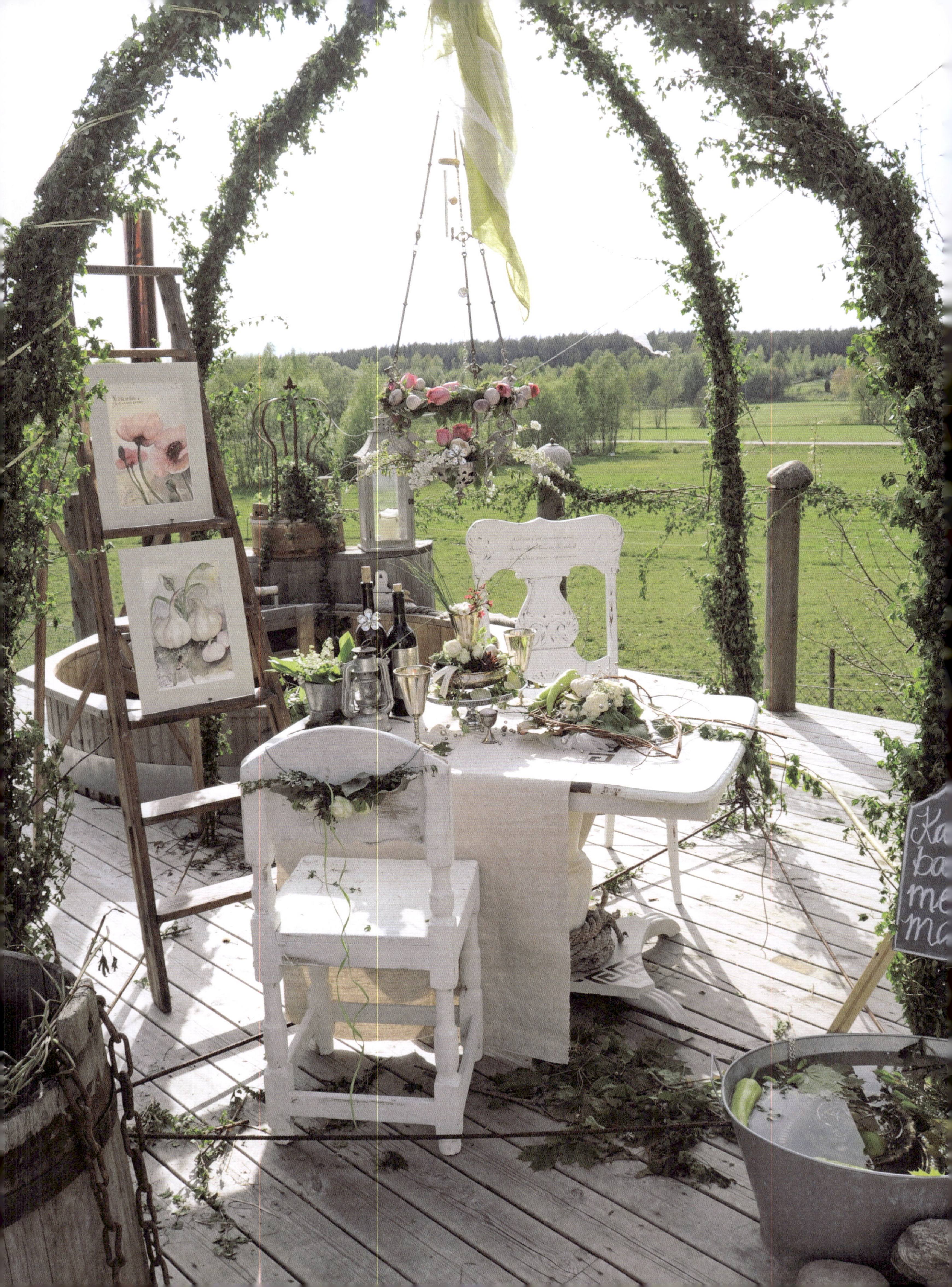

Lebenssprühend

Yvonne Edmark wohnt zusammen mit ihrem Mann Sven-Bertil und der Tochter Myrra-Maria Morgongåva in einem roten Häuschen am Rande von Kristinehamn. Yvonne findet es sehr wichtig, der „wilden Seite" unserer Persönlichkeit freien Lauf zu gewähren. In Schönheit zu leben bedeutet für sie, von allen Sinnen Gebrauch zu machen. Yvonnes Tage sind erfüllt von Malerei, langen Waldspaziergängen, Essen, Blumen, Wildkräutern, Schönheit und Tanz. Sie liebt das gute Leben und genießt es, ihre Lieben nach Strich und Faden zu verwöhnen.

Mehr über Yvonne auf Seite 204–205 und auf www.zonterapi.net

Lebe mit allen Sinnen und gehe deinen Weg.

Wenn die Blätter fallen

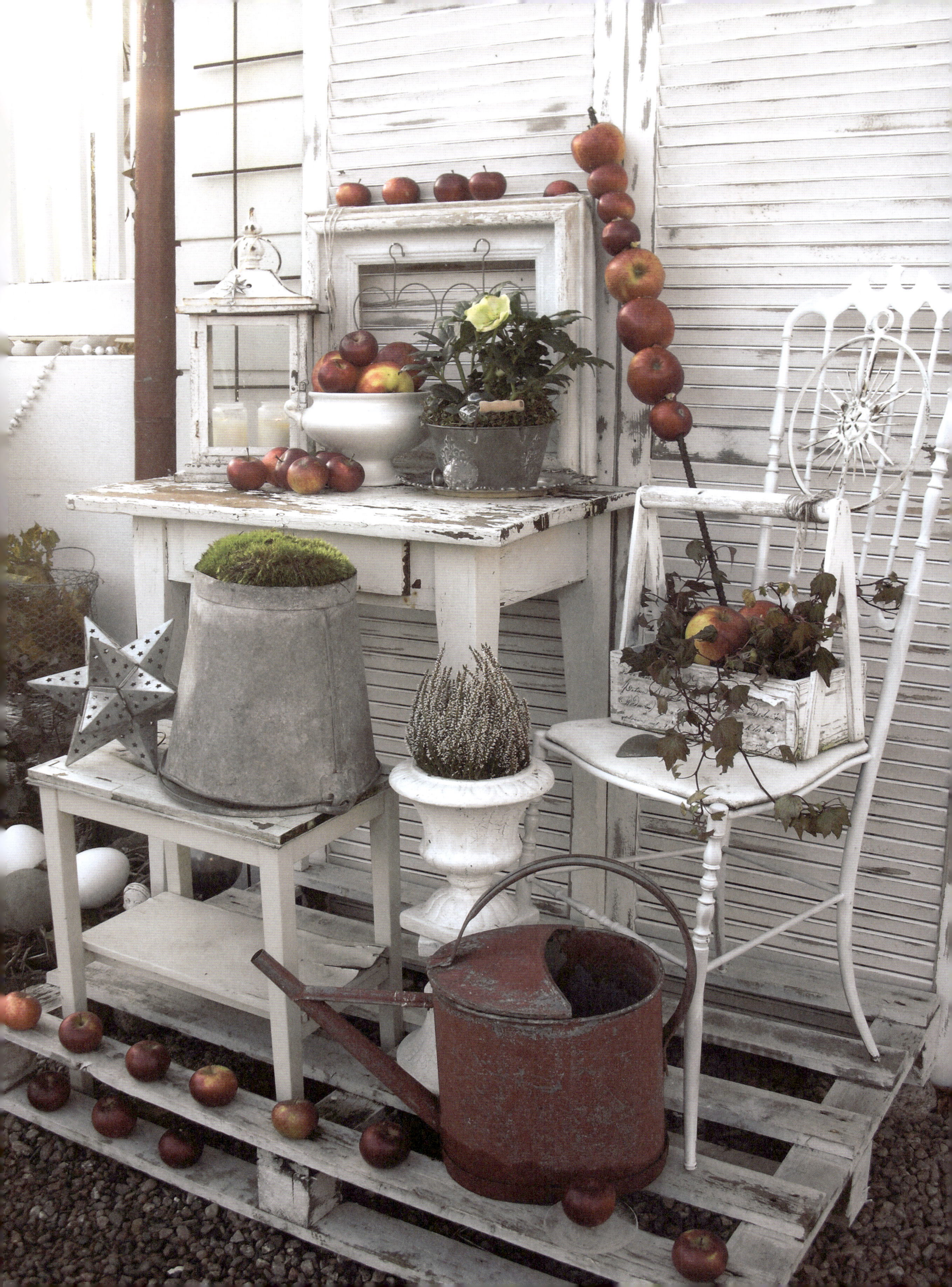

96

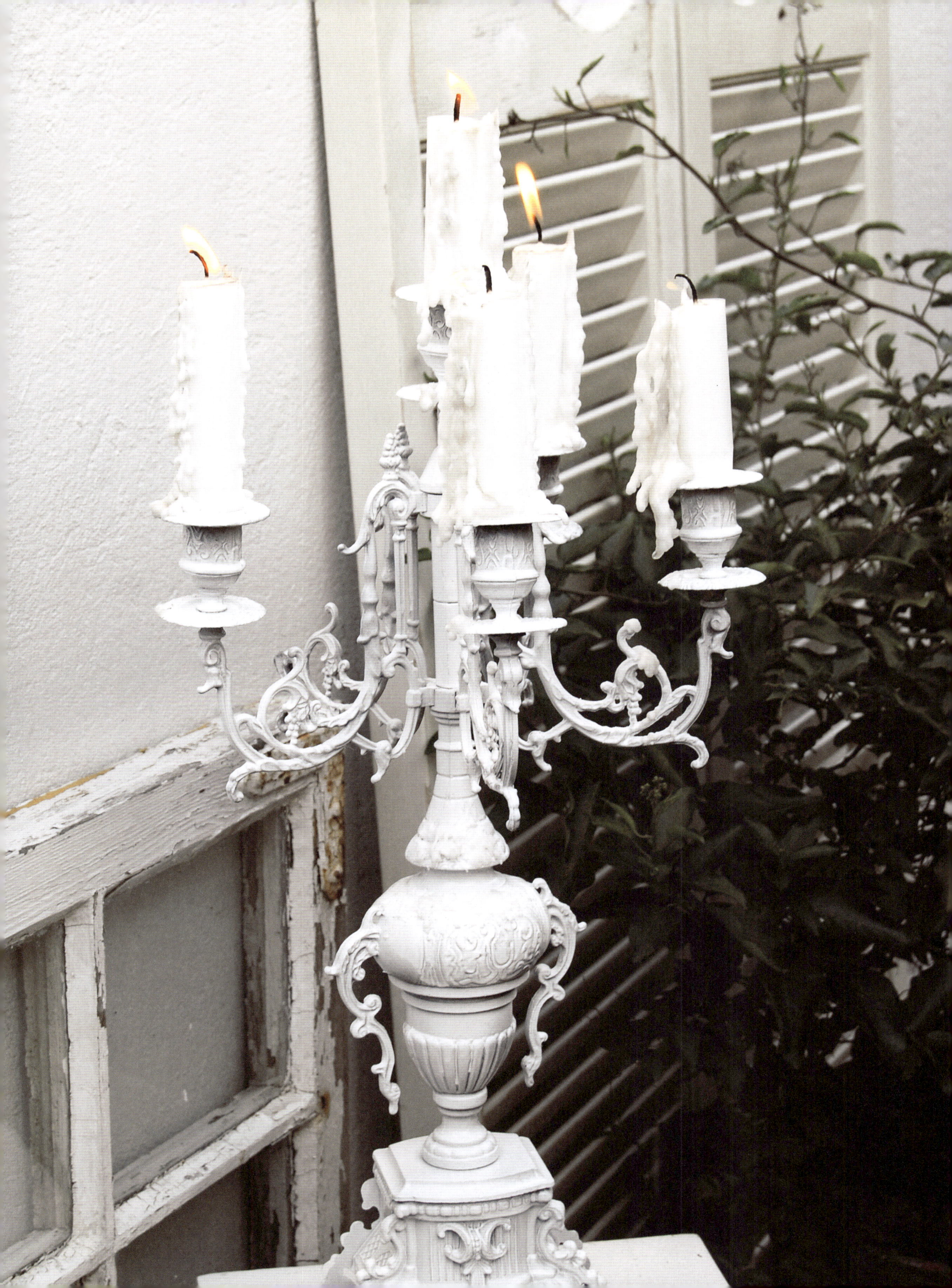

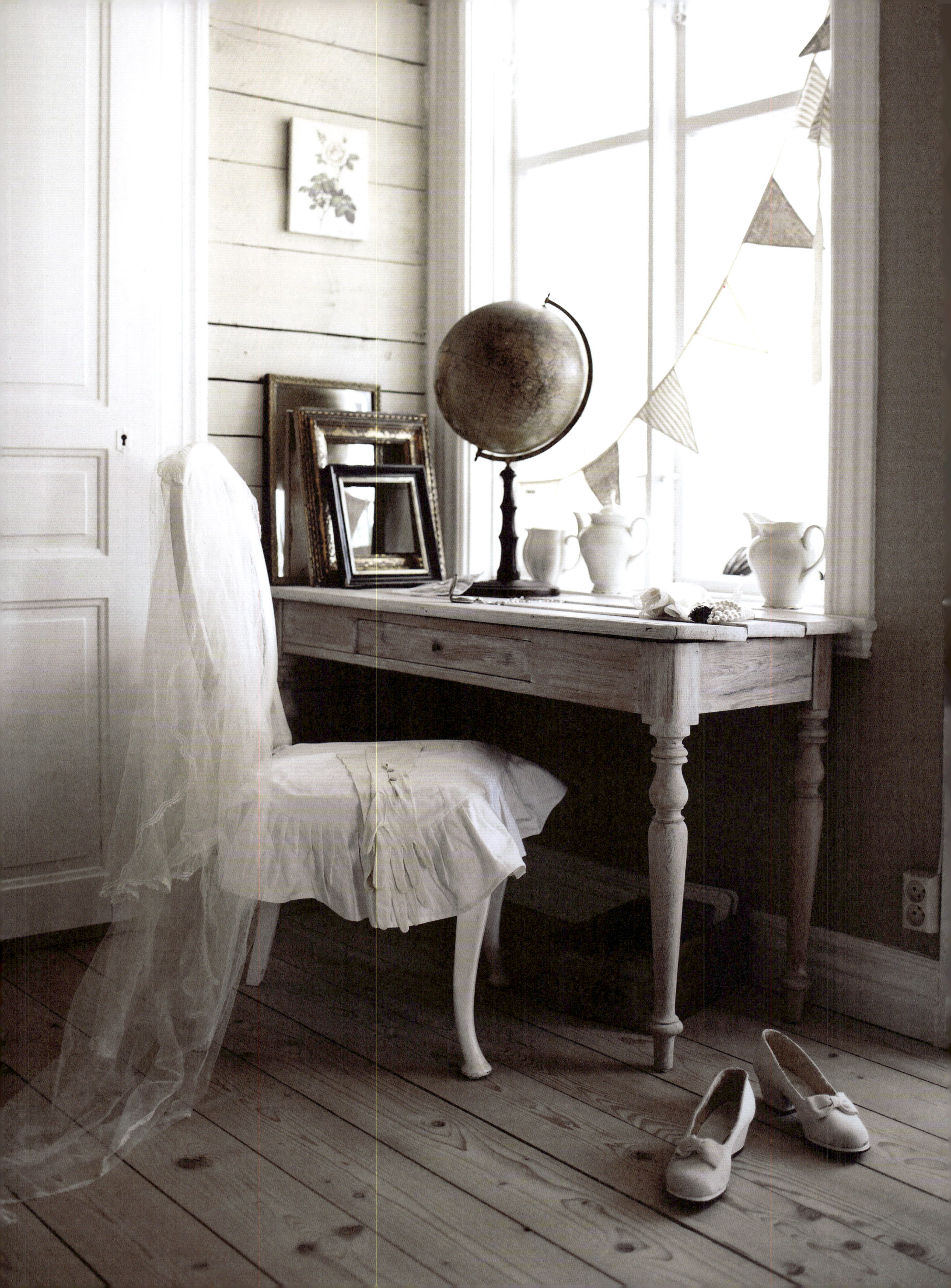

1. Sonntag im Oktober: Tortentag

Kokosbisquitrolle

5 Eiweiß, 250 g Zucker, 180 g Kokosraspeln, 2 TL abgeriebene Zitronenschale, 250 ml Sahne, 300 g Melone in Würfeln

Den Backofen auf 150 °C vorheizen. Ein Backblech mit gefettetem Backpapier auslegen und mit einem Drittel der Kokosraspeln bestreuen. Eiweiß steif schlagen, dabei nach und nach den Zucker zugeben, bis die Masse schneeweiß und glänzend ist. Kokosraspeln und Zitronenschale unterheben und die Masse auf dem Backblech verteilen. Auf der mittleren Schiene 35 Minuten backen, abkühlen lassen und auf frisches Backpapier stürzen. Mit Schlagsahne und Melonenwürfeln füllen und zu einer Rolle formen. Mit roten Beeren garniert servieren.

4. Oktober • Tag der Zimtschnecken

Ainas norwegische Zimtschnecken

125 g Butter, 500 ml Milch, 50 g Hefe, 125 g Zucker, 1 TL Kardamom, ½ TL Salz, 850 g Mehl; Butter und Zimt; grober Zucker

Butter und Milch lauwarm erhitzen. Die Hefe mit der Flüssigkeit verrühren. Mit Zucker, Kardamom, Salz und Mehl zu einem glatten Teig verarbeiten. Zugedeckt 40 Minuten gehen lassen, zu einem Rechteck ausrollen. Mit Butter bestreichen und mit Zimt und Zucker bestreuen, einrollen und in 2 cm dicke Scheiben schneiden. Die Rollen auf ein mit Backpapier ausgelegtes Backblech legen und nochmals 20 Minuten gehen lassen, dann mit verquirltem Ei einpinseln, mit Zucker bestreuen und bei 220 °C 10–12 Minuten goldgelb backen.

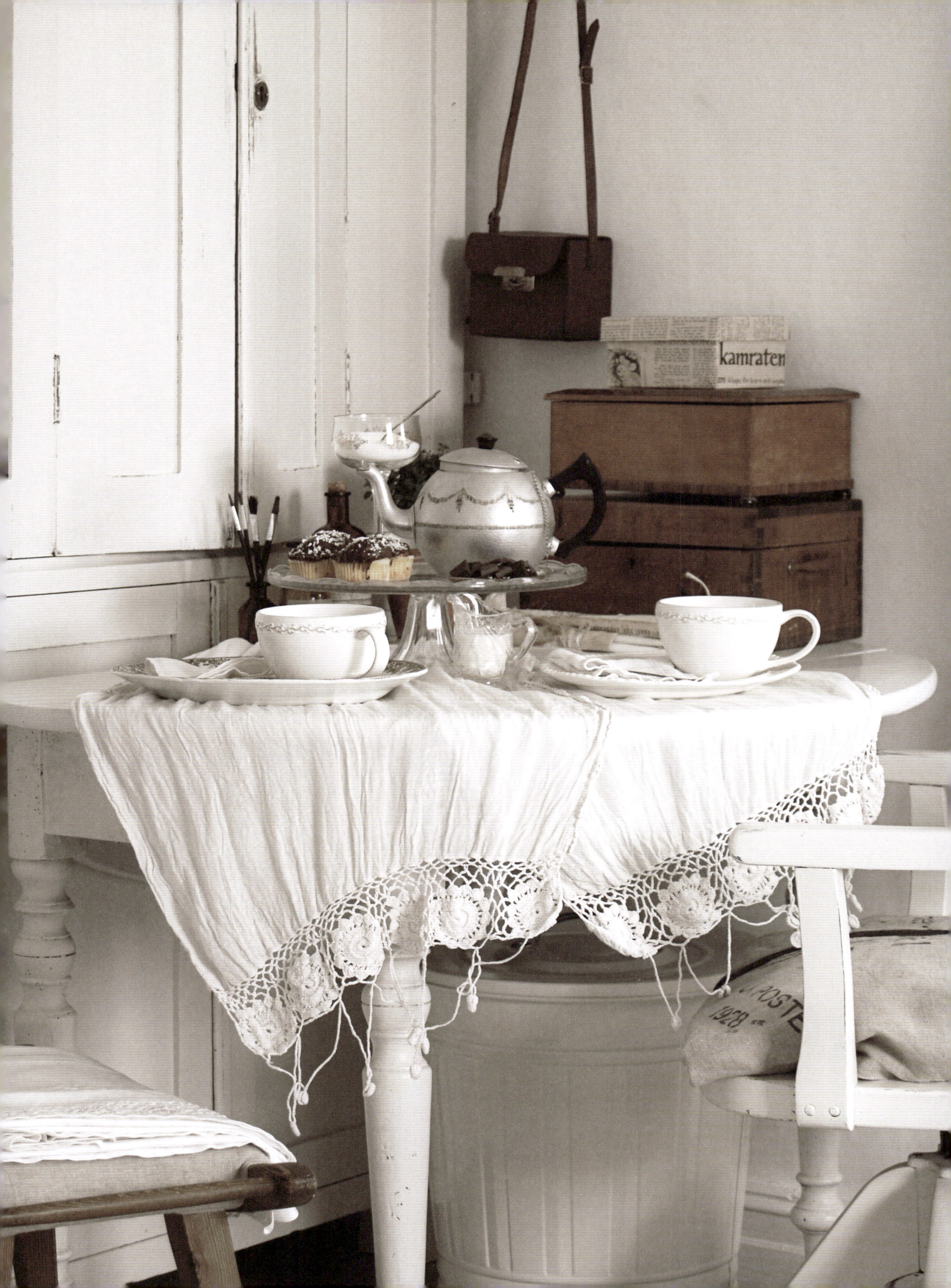
kamraten
1928

Lev Vackert

Trautes Heim

Wenn der Sommer
fast verflogen
Und die Schwalben
fortgezogen,

Gibt ein warmer
Schluck im Magen
Uns Genuss und
Wohlbehagen.

Herbstplatte

Zwiebelsuppe mit Weißwein

*2 Gemüsezwiebeln in Scheiben, 1 Porreestange,
1 l Gemüsebrühe, 100 ml trockener Weißwein, 100 g
Frischkäse, 200 ml Sahne, kräftiger geriebener Käse*

So wird's gemacht:
Zwiebeln und Lauch fein hacken und in etwas
Butter glasig dünsten. Brühe zugießen, dann
Frischkäse und Sahne einrühren. Die Suppe zum
Kochen bringen, die Temperatur herunterschalten
und den geriebenen Käse in die Suppe streuen.

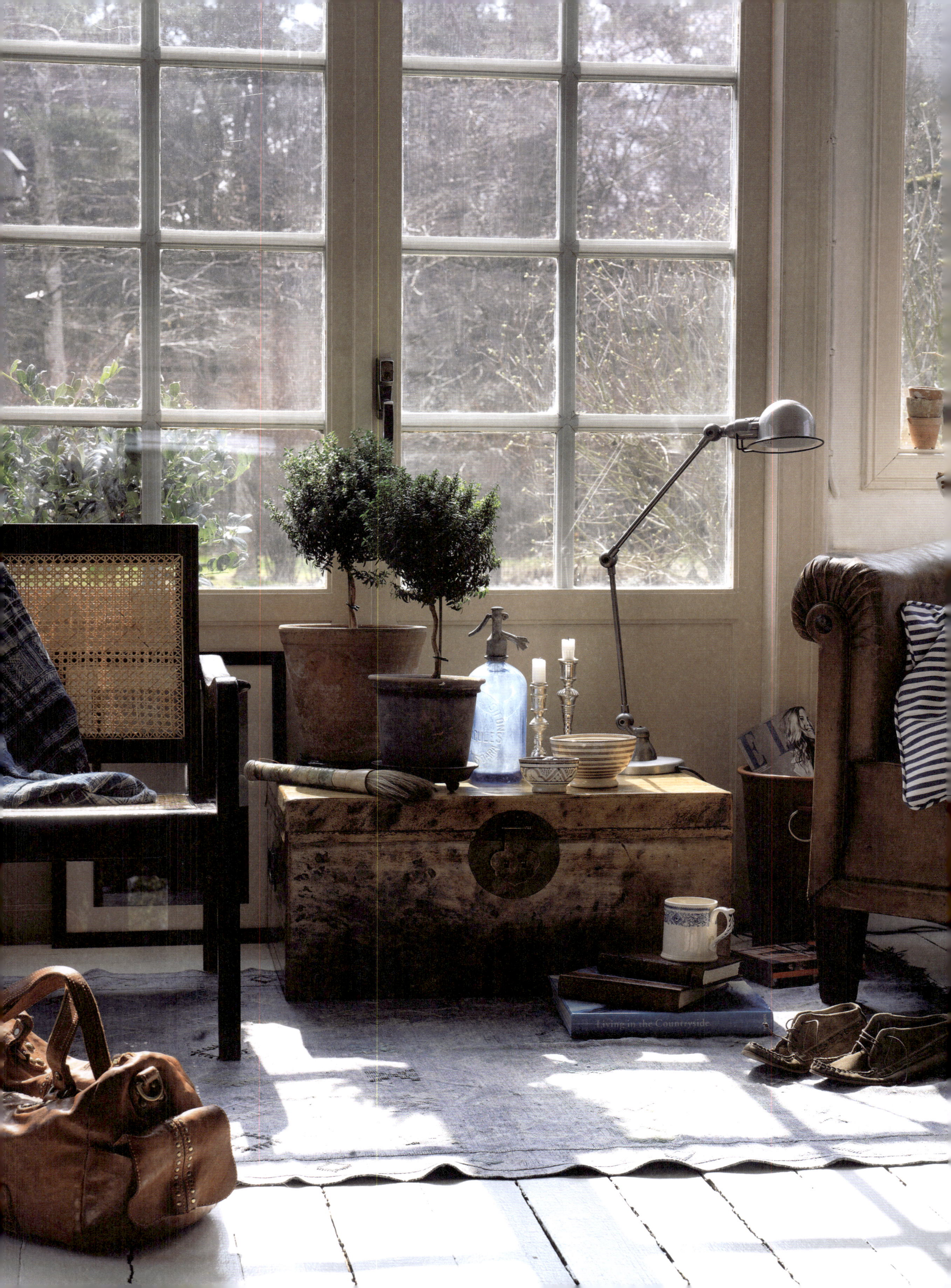
Living in the Countryside

Zauberhaft!
Maries verspielte
Kränze

Genießen!

7. November • Kladdkaka-Tag

4 ½ EL Kakaopulver, 300 g Mehl,
300 ml Zucker, 2 Eier, 1 Prise Salz, 100 g zerlassene Butter,
1 Handvoll Mini-Marshmallows

Schokokaramellsahne:
300 ml Schlagsahne, 300 g Schokokaramellbonbons
(z. B. DAIM oder Fazer Marianne)

Die Zutaten für den Kladdkaka (traditioneller schwedischer Kuchen) zusammenrühren und bei 150 °C etwa 35 Minuten backen. Die Schokokaramellbonbons mit einer Gabel zerdrücken, mit der Sahne in einen Topf geben und unter Rühren schmelzen. Achtung: nicht kochen lassen! Die Mischung an einem kühlen Ort mindestens sechs Stunden abkühlen lassen, dann steif schlagen.
Den Kladdkaka in kleine Stücke schneiden und mit Marshmallows und Schokokaramellsahne in Gläsern anrichten. Guten Appetit!

Novemberfrost

Der November ist die ideale Vorbereitungszeit auf den Advent. Wer jetzt Glühwein, Gewürze und Kuchenzutaten einkauft, braucht im Dezember nicht Schlange zu stehen. Ein Winterkranz an der Tür stimmt uns auf Weihnachten ein. Man braucht dazu nur etwas Blumendraht und ein paar Tannenzweige oder Reisig. Die Dekorationsmöglichkeiten sind unendlich – Tannenzapfen, Heidelbeerzweige, Äpfel, Moos, Bänder und Spitze, Backobst, Zimtstangen oder was sonst irgend zur Hand ist. Schauen Sie sich um und lassen Sie sich inspirieren.

*„Die Blätter fallen,
fallen wie von weit,
als welkten in den
Himmeln ferne Gärten ..."*

Rainer Maria Rilke

Was von Herzen kommt, geht zu Herzen.

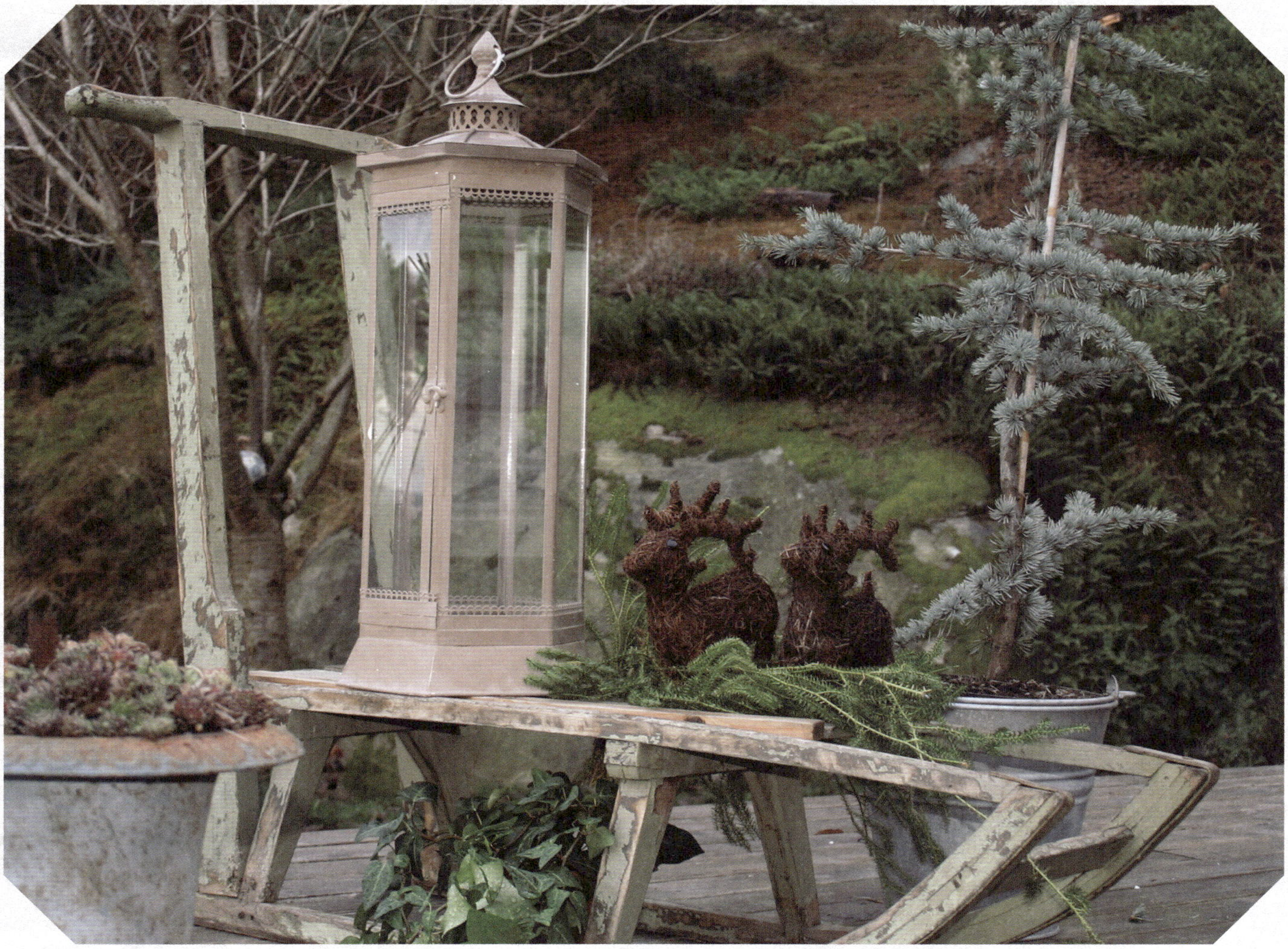

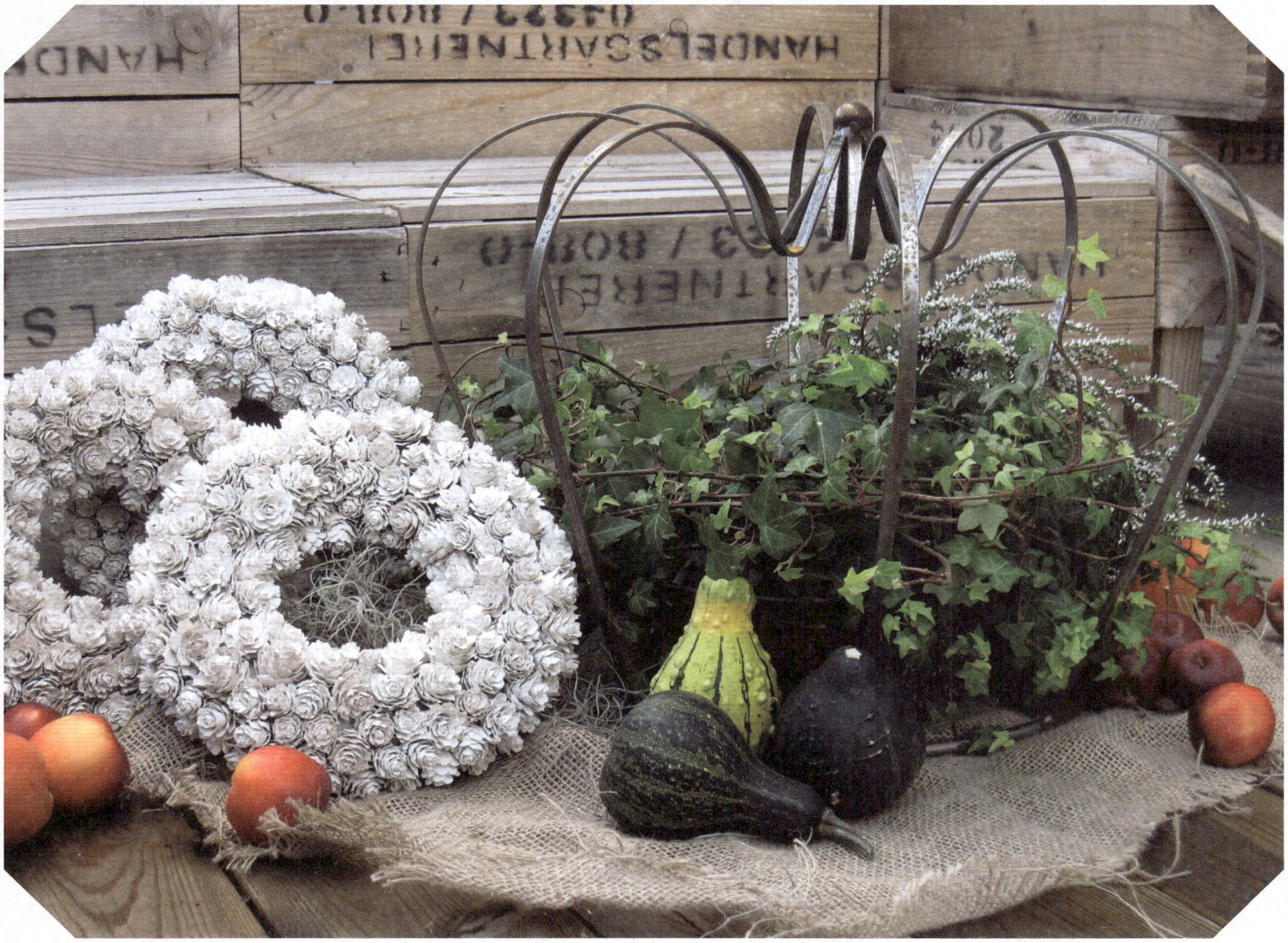

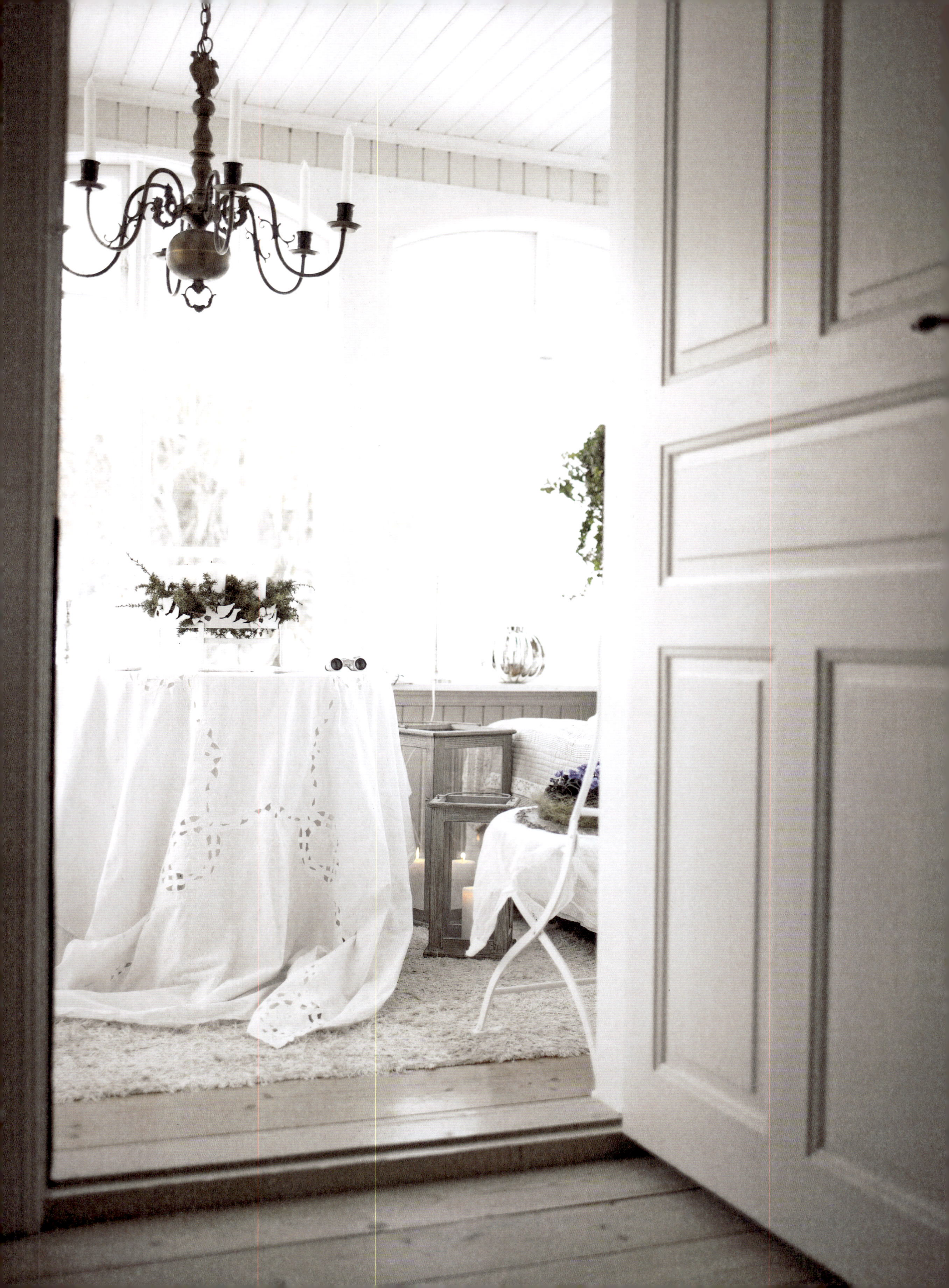

28. November • Katzentag

Katzentorte

200 g Trockenfutter (nach Geschmack Ihrer Katze), 100 ml Sahne, 100 g Dosenfutter, kleine Leckerli

So wird's gemacht:
Die Hälfte des Trockenfutters einweichen. Die Sahne steif schlagen. Den größten Teil der Schlagsahne auf einen Teller geben. Darauf je eine Schicht eingeweichtes Trockenfutter und Dosenfutter geben. Die restliche Sahne obendrauf verteilen und mit Trockenfutter und Katzenleckerli garnieren.

Leckerer Krabbencocktail

Hart gekochte (oder rohe) Eigelbe mit Krabben mischen und mit Katzenminze garnieren. Die Eigelbe sind gut für das Fell, doch Krabben sollten besonderen Gelegenheiten (wie zum Beispiel dem Geburtstag Ihrer Katze) vorbehalten bleiben.

Schnurrrrrrr......

Winterzeit
Fünf Grad unter Null

Zutaten für 2 Personen:
2 Kubikmeter Schnee, 2 Paar kalte Hände, 2 rote Nasen, 4 Paar warme Socken, 2 warme Mützen, heißer Kakao mit Schlagsahne nach Geschmack, 3 brennende Kerzen, 1 Portion gute Gesellschaft, 1 warme, kuschelige Decke

So wird's gemacht:
Kakao kochen, Schlagsahne steif schlagen. Mit Kakaobechern, einer Decke und den Kerzen in einen Korb geben. Socken, Mützen und warme Kleidung nach Geschmack anlegen. Die Decke auf dem Schnee ausbreiten und darauf setzen. Die Kerzen anzünden, den heißen Kakao in die Becher gießen und die Hände daran wärmen. Genießen, bis beide Nasen frostrot geworden sind.

Ein einladender Flur im Winter

Stellen Sie die Blumenübertöpfe nicht weg, sondern „bepflanzen" Sie sie über die Winterzeit mit Mooskugeln. Dafür entweder Rohlinge aus Hühnerdraht oder zusammengeknülltem Zeitungspapier mit Moos umkleiden. Zusammengehalten wird das Ganze mit Blumendraht. Aus Moos lassen sich viele Formen herstellen, zum Beispiel Herzen als Tisch- oder Treppendekoration. Wenn Sie keine Zeit oder Lust haben, Moosdekorationen selber zu machen, finden Sie beim Floristen haltbaren Winterschmuck in großer Auswahl. Schön sind auch dicke Reisigsträuße, die man zur Weihnachtszeit mit Adventsschmuck behängen kann. Kerzen oder kleine LED-Leuchten auf den Treppenstufen heißen Besucher willkommen und schützen vor Unfällen bei Nacht und Glätte. Wenn es richtig kalt ist, überraschen Sie Ihre Besucher mit einer Eislaterne. Dafür einen großen Behälter mit Wasser füllen, einen kleineren mitten hinein stellen und beschweren, sodass er schön tief liegt, jedoch nicht den Eimerboden berührt. Wer will, kann noch Reisig oder Ähnliches ins Wasser tun. Wenn alles gefroren ist, die Behälter entfernen und eine brennende Kerze in die Eislaterne stellen.

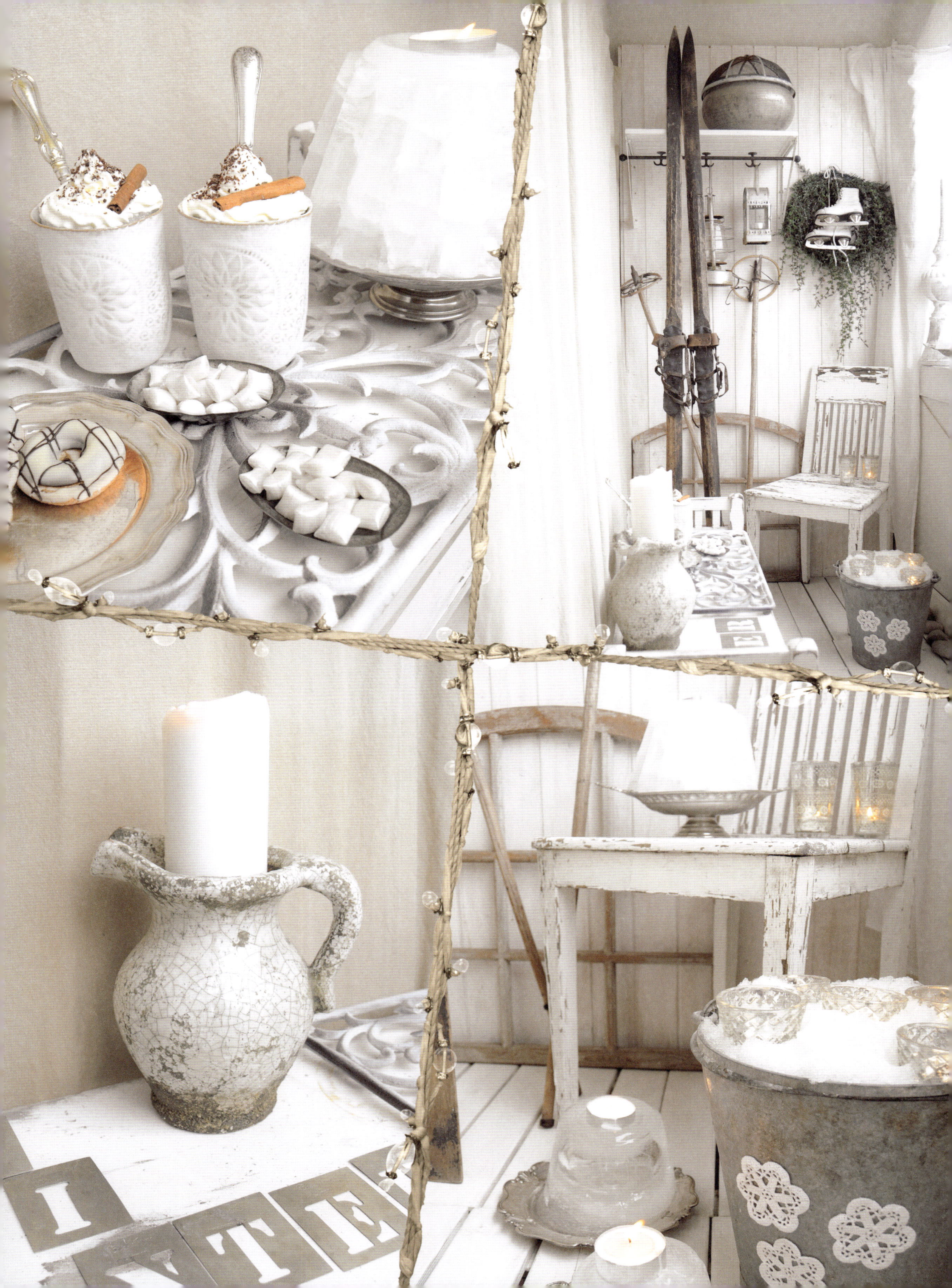

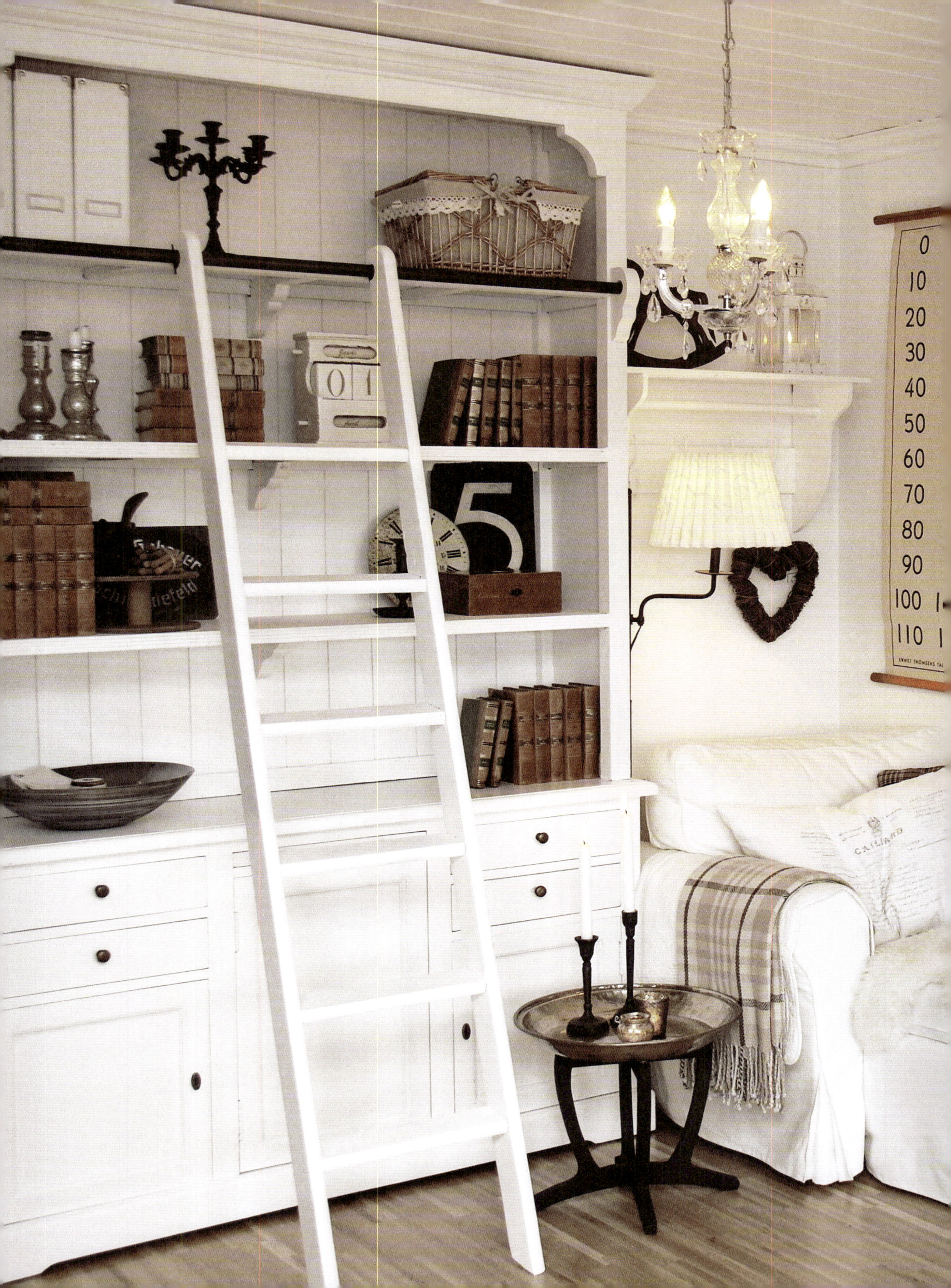
0
10
20
30
40
50
60
70
80
90
100
110
5

Denken Sie rechtzeitig daran, eine Weihnachts-wunschliste für sich und Ihre Lieben anzulegen!

Weihnachtsfrüchte

Orangen und Äpfel in Scheiben schneiden und bei 75 °C im Backofen trocknen. Dann auf Glasschalen verteilen oder als dekorative Girlande auf Bindfaden aufziehen, als Päckchen- oder Tischdekoration verwenden, zum Türkranz binden – die Möglichkeiten sind unendlich ...

Der rote Winterapfel grüßt von der Sommerwiese. Süß im Geschmack macht er stark und gesund.

Poivre Noir
trié sur le volet
Qualité Supérieure
350 gr. poivre en grain et
250 gr. poivre en moulu
Fabricant d´épices
depuis 1926

Kerzenschein

Advent, Advent, ein Lichtlein brennt ...

Das Wort „Advent" allein scheint schon nach Nelken, Zimt, Orangen, Glühwein und Pfefferkuchen zu duften ...

Unkonventionelle Adventskranzideen: Einen alten Holztrog oder Zinkeimer mit Moos füllen und vier große Stumpenkerzen hineinstellen. Ein großes Silbertablett mit vier Kerzenleuchtern, Pfefferkuchenformen und Glaskugeln dekorieren. Oder vier Tontöpfe mit einem Schwamm und weißer Farbe betupfen, mit Moos oder Reisig füllen und jeweils eine Kerze hineinstellen. Wer will, kann die Kerzen noch mit kleinen Etiketten oder Anhängern verzieren, die man in gut sortierten Dekorationsgeschäften findet. Ein einfaches Stück Holz, zum Beispiel ein Stück Birke mit Rinde, wird zum eleganten Kerzenhalter, indem man lange Nägel von unten einschlägt und die Kerzen auf die überstehenden Enden aufsteckt.

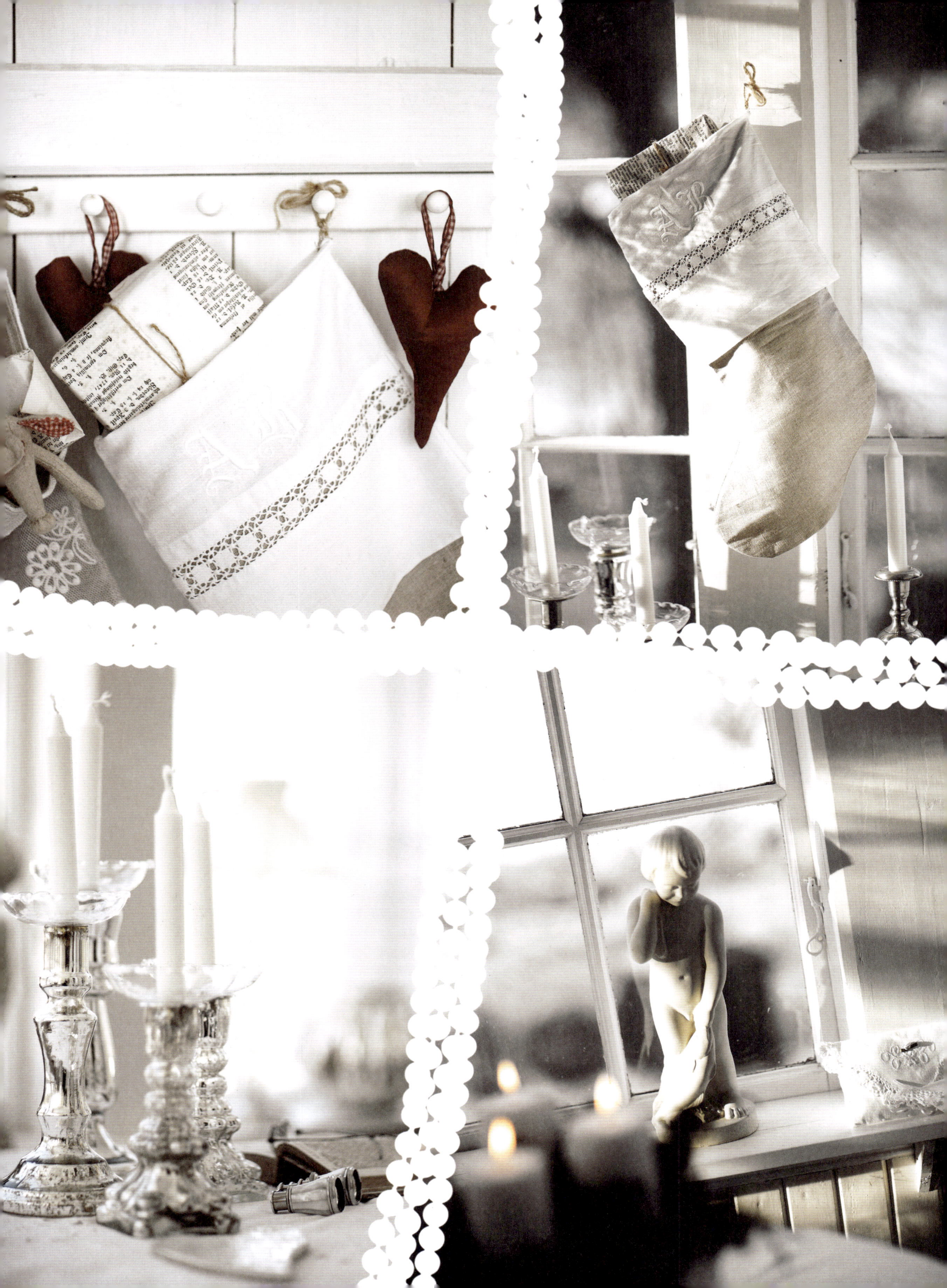

Weihnachtsgrüße

Ganz persönliche Grußkarten

Selbst gemachte Weihnachtskarten machen gleich zweimal Freude: beim Basteln und beim Öffnen. Wenn Sie stärkeren Karton verwenden, können Sie ihn mit speziellen Musterscheren an den Rändern dekorativ beschneiden. Als Motive eignen sich altmodische Bilder und Fotos, Heiligenbilder und andere passende Symbole. Schreiben Sie die Grüße selbst oder verwenden Sie einen fertig gekauften Stempel.

Lassen Sie Ihrer Fantasie freien Lauf, experimentieren Sie mit verschiedenen Schriftstilen und Sprachen – *Joyeux Noël, God Jul, Merry Christmas* – und verzieren Sie die Weihnachtsgrüße mit allen schönen Dingen, die Ihnen in die Hände fallen.

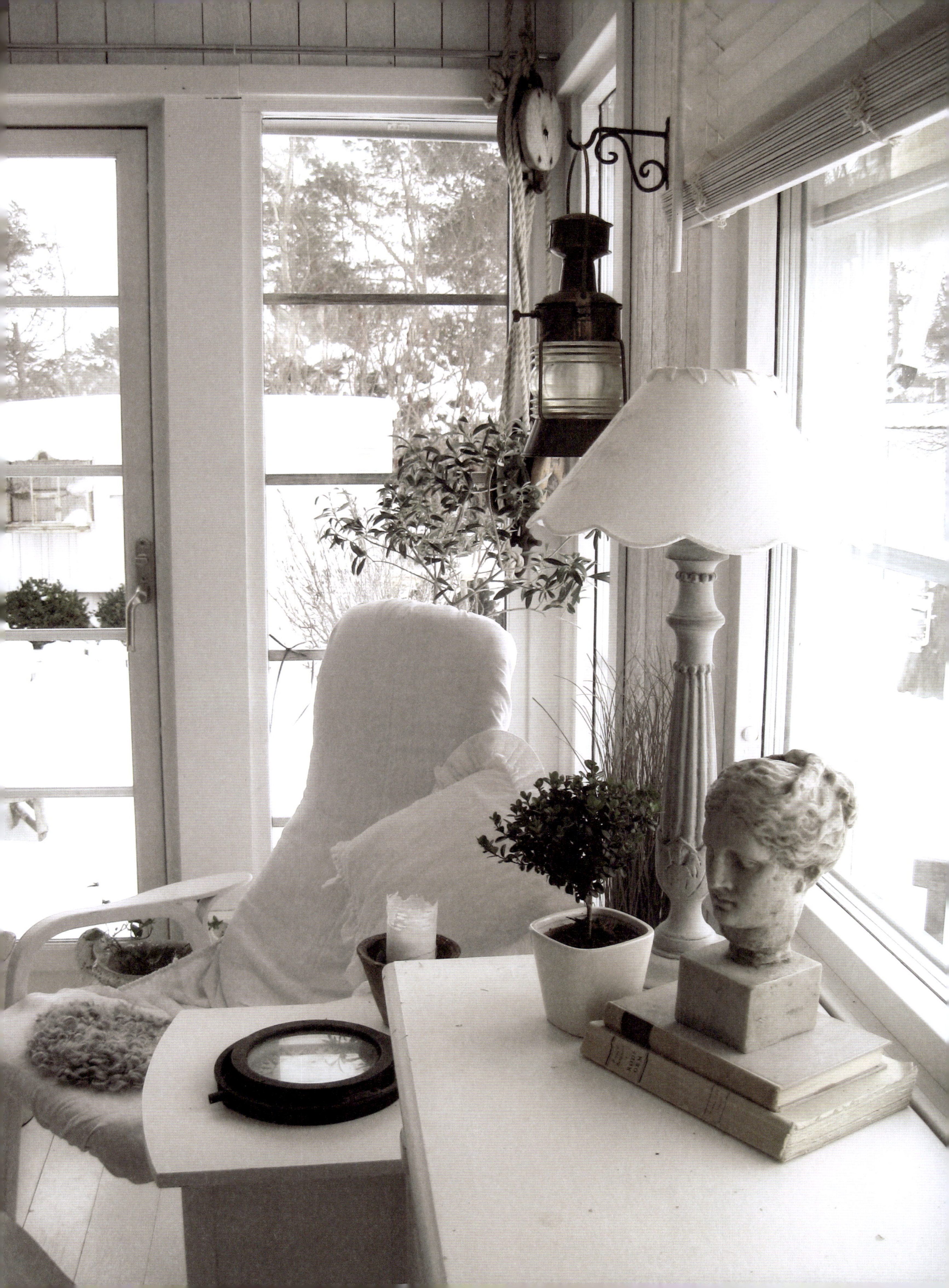

Kinderweihnacht

Weihnachten ist besonders für kleine Kinder die spannendste Zeit des Jahres. Machen Sie das Warten auf den Weihnachtsmann in der Adventszeit noch spannender, indem Sie beim Zubettgehen eine spannende Weihnachtsgeschichte erzählen. Wenn das Kind schon schreiben kann, kann es einen Brief an den Weihnachtsmann schicken. Vielleicht antwortet er zum Fest ja sogar persönlich? Manchmal liegt vielleicht morgens ein bisschen Glitter im Kinderzimmer – das waren die Helferzwerge des Weihnachtsmanns, die schon einmal nach dem Rechten gesehen haben ...

Lassen Sie das Kind am Nikolausabend seine Schuhe schön putzen und mit einem Glas Milch – oder Wein – und einem Teller mit Keksen vor die Tür oder aufs Fensterbrett stellen. Natürlich hat sich der Nikolaus in der Nacht über die Stärkung gefreut – es sind nur noch ein paar Kekskrümel liegengeblieben. Und schau! Das Glas hat er auch geleert ...

169

lecker. lecker. lecker.

Weihnachtsleckereien

Weihnachten ohne Leckereien ist einfach kein richtiges Weihnachten. Richten Sie zum Fest ein kleines Buffet mit Weihnachtsplätzchen, Pralinen und anderen guten Sachen an, an dem sich jeder Gast nach Herzenslust bedienen kann: Zimtsterne, Pfeffernüsse, Spekulatius, Lebkuchenherzen und Dominosteine, Schokoladenweihnachtsmänner, Zuckerstangen, Mozartkugeln, kandierte Äpfel, Marzipankonfekt, Rumkugeln und, und, und ...
Sorgen Sie im Laufe des Abends dafür, dass Teller und Schüsseln stets gut gefüllt sind!

Schneekugeln (10–20 Stück)
100 g weiße Schokolade, 125 ml Kokosraspeln, 1 TL Zitronensaft

Dekoration:
Kokosraspeln, weiße Streusel oder Puderzucker

Die Schokolade im Wasserbad oder in der Mikrowelle schmelzen, mit den Kokosraspeln mischen und mit Zitronensaft abschmecken. Die Mischung etwas abkühlen lassen, jedoch nicht hart werden lassen. Zu kleinen Kugeln formen und nach Geschmack garnieren. In einem luftdichten Behälter aufbewahren.

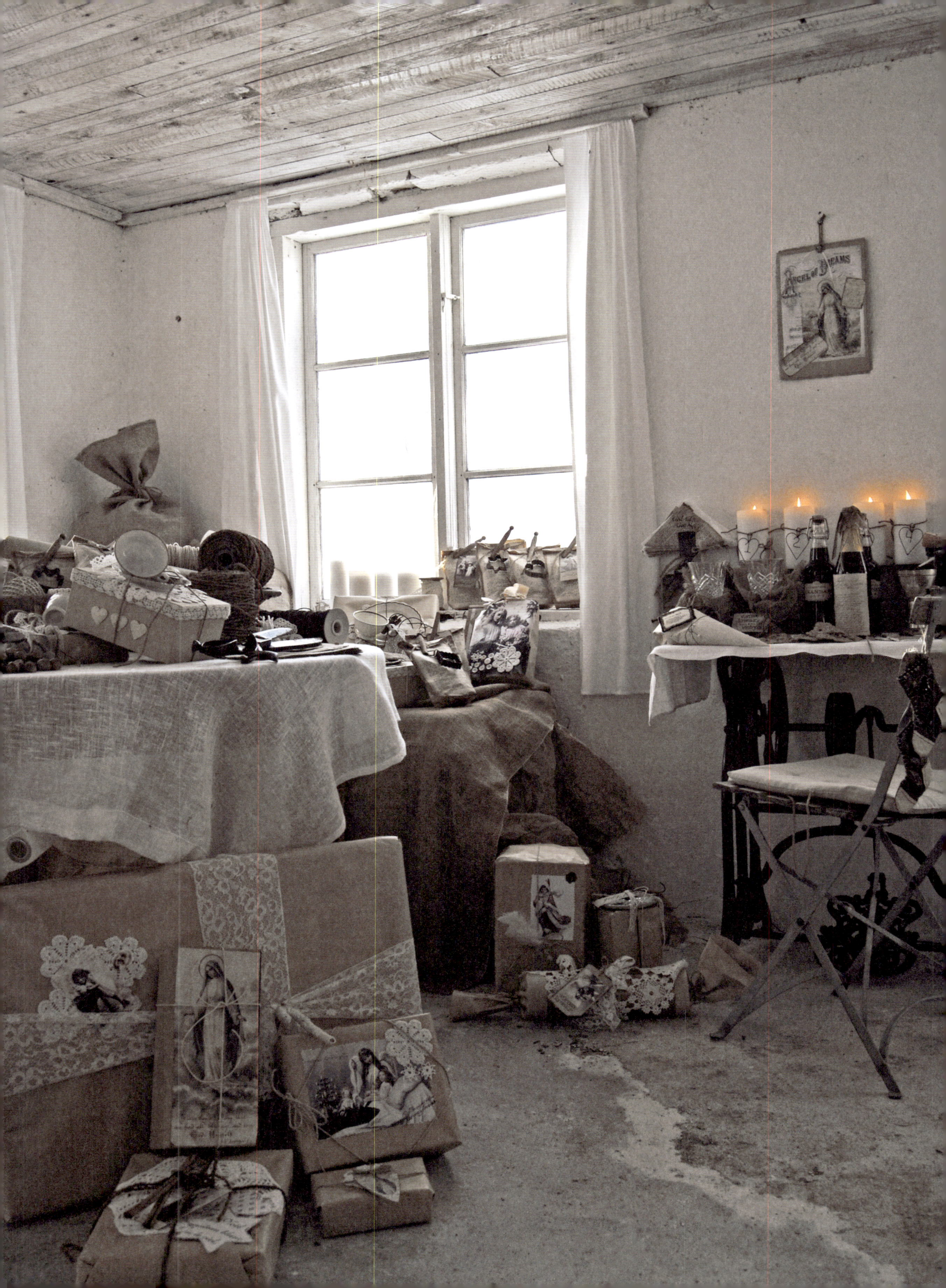
ANGEL OF DREAMS

Herzerwärmend!

Heißer Weihnachtspunsch

Es gehört zu den ganz besonderen Freuden der Weihnachtszeit, die kalten Hände um einen Becher Glühwein zu schließen und seinen süßen, würzigen Duft tief einzuatmen. Laden Sie Ihre Freunde zu einem Adventskaffee mit frisch gebackenem Kuchen ein, oder wie wäre es mit einem Glas Glühwein mit den Nachbarn? Lassen Sie im Kollegenkreis den alten Brauch des Julklapps aufleben oder organisieren einen Weihnachtsbasteltag mit Ihren Freundinnen und deren Kindern. Das Spannende an Julklappgeschenken ist ja, dass sie in viele verschiedene Lagen Geschenkpapier eingepackt sind, die jeweils an einen anderen Empfänger adressiert sind. Das macht natürlich eine Menge Arbeit. Organisieren Sie doch einfach einen Julklapp-Einpackabend mit Glühwein und Häppchen! Jeder bringt sein eigenes, bereits eingepacktes Geschenk mit und dann sorgen alle gemeinsam für die anderen Papierschichten!

Es gibt unendlich viele verschiedene Glühweinrezepte.
Rosinen und Mandeln sind ein fester Bestandteil der
allermeisten von ihnen, aber mit gehackten Feigen und
Aprikosen schmeckt der Glühwein auch sehr fein!

Datteln mit Ziegenkäse

Für 25 Stück:
25 große Datteln, 175 g Fetakäse

Die Datteln der Länge nach aufschneiden und
die Kerne herausnehmen. Den Käse in 25 Stücke schneiden
und die Datteln damit füllen, gut zusammendrücken.

Honigbrot mit Ziegenkäse

Für 8 Stück:
4 Scheiben Kastenbrot, 100 g Ziegenkäse,
100 g Frischkäse, 2 EL flüssigen Honig

Ziegenkäse, Frischkäse und Honig gut verrühren.
Die Brotscheiben damit bestreichen und in Dreiecke
schneiden. Die Schnitten bis kurz vor dem Servieren im
Kühlschrank aufbewahren, dann im 200 °C heißen
Ofen 5–10 Minuten goldbraun überbacken.

Zum Knabbern

Knusprige Zimtchips

Für 6 Portionen:
½ Paket Filoteig, 100g Zucker, 1 EL Zimt

So wird's gemacht:
Den Filoteig in der Packung auftauen lassen, dann in ein feuchtes Küchenhandtuch einschlagen. Zucker und Zimt gut mischen und auf der Arbeitsfläche verteilen. Eine Lage Filoteig auf die Zucker-Zimt-Mischung legen und den Zucker von beiden Seiten mit der Kuchenrolle ganz leicht andrücken. Die Teigplatte in vier Dreiecke schneiden und auf ein mit Backpapier ausgelegtes Backblech legen. Bei 150°C etwa 10 Minuten knusprig backen.

Ein super Partysnack!

Preiselbeerschnaps

Selbst gemachter Schnaps ist eine ganz besondere Leckerei und lässt sich wunderbar verschenken. Das Tannenaroma gibt diesem Tropfen seine ganz besondere Würze. Am besten wäre ein frischer Zweig, doch ein Zweiglein vom Tannenbaum tut es auch – solange es keine Edeltanne ist.

Für ein Fläschchen Schnaps:
*350 ml Wodka, 100 g Preiselbeeren,
1 kleiner Fichtenzweig, 50 g Rosinen*

So wird's gemacht:
Wodka, Preiselbeeren und Rosinen mischen, den Fichtenzweig hineinlegen und 3–4 Tage in den Kühlschrank stellen. Die Früchte abseihen und die Flüssigkeit mit dem Fichtenzweig und der Hälfte der Preiselbeeren in eine Flasche geben. Wenn der Tannenzweig seine Farbe verliert, beim Servieren durch einen frischen ersetzen.

9. Dezember · Pfefferkuchentag für Leckermäuler

Schenken!

Selbst verpackte und dekorierte Geschenke kommen von Herzen, selbst wenn Sie nur eine Schachtel Pralinen verschenken. Damit die Geschenke auch den richtigen Empfänger finden, sollten sie deutlich lesbar beschriftet sein. Lassen sie Ihre Fantasie spielen und basteln selbst Namensanhänger – oder Sie nehmen fertige aus dem Schreibwarenhandel.

„Die Nacht vor
dem Heiligen Abend
Da liegen die
Kinder im Traum.
Sie träumen von
schönen Sachen
Und von dem
Weihnachtsbaum."

Robert Reinick

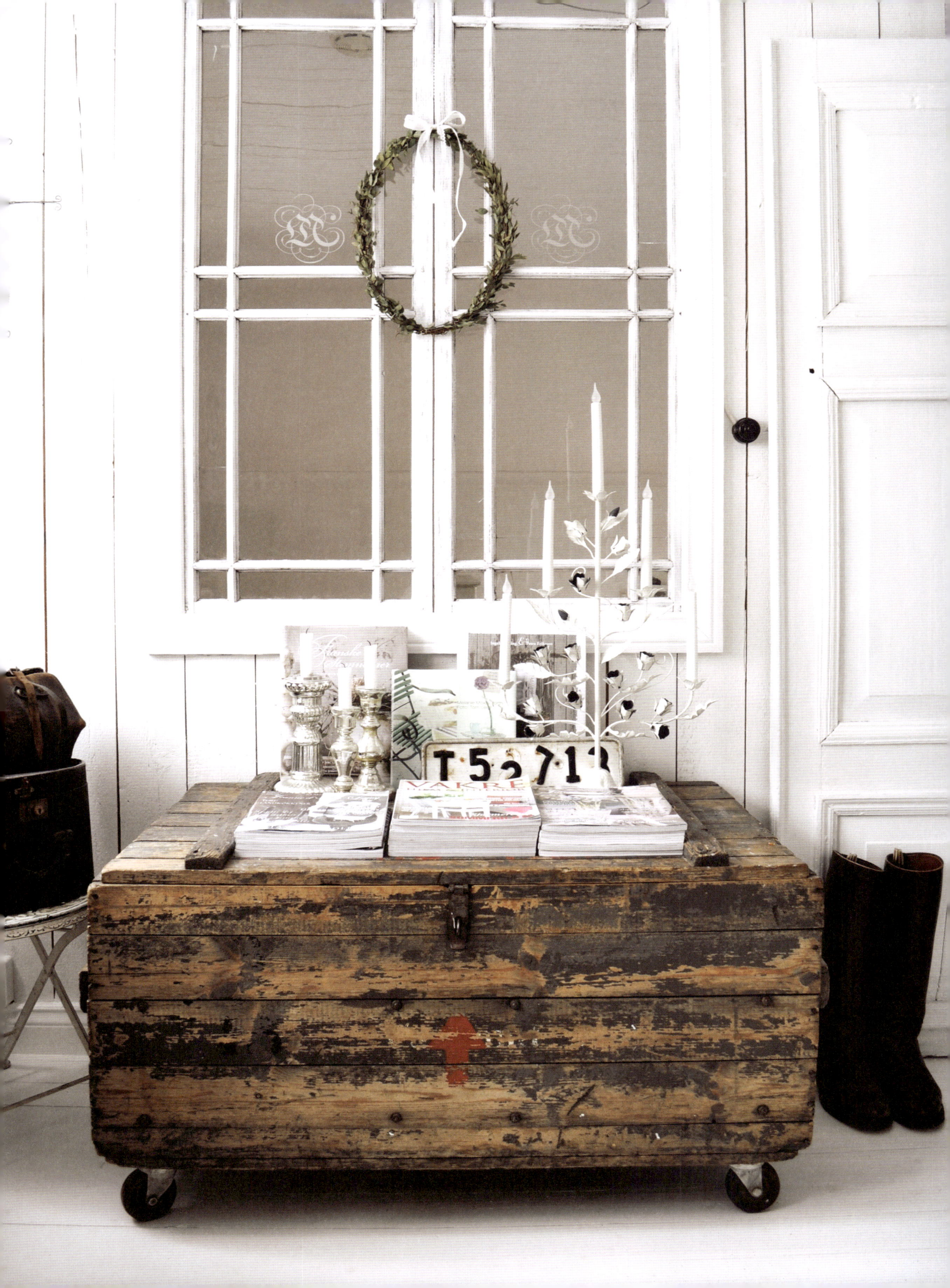
VAKRE

10. Dezember • Nobeltag
Verwöhnen Sie Ihre Lieben an diesem Tag!

Und decken Sie den Tisch nach allen Regeln der Kunst:

Der Rand des Platztellers befindet sich 1–4 cm von der Tischkante entfernt. Darauf kommen der Essteller und der Teller für die Vorspeise. Links davon liegen die Gabeln und rechts davon die Messer, und zwar von außen nach innen in der Reihenfolge, in der sie verwendet werden. Die Messerkante zeigt zum Teller. Auch die Gläser stehen in der Reihenfolge, in der sie verwendet werden. Das Wasserglas steht immer rechts außen, danach kommt das Weinglas, aus dem zuerst getrunken wird. Steht Suppe auf dem Menü, befindet sich der Suppenlöffel rechts oberhalb der Messer. Dessertlöffel und Kuchengabeln liegen an der Oberkante des Platztellers. Der Löffelstiel zeigt nach rechts, der Stiel der Kuchengabel nach links. Der Brotteller steht etwas oberhalb zur Linken der Gabeln.

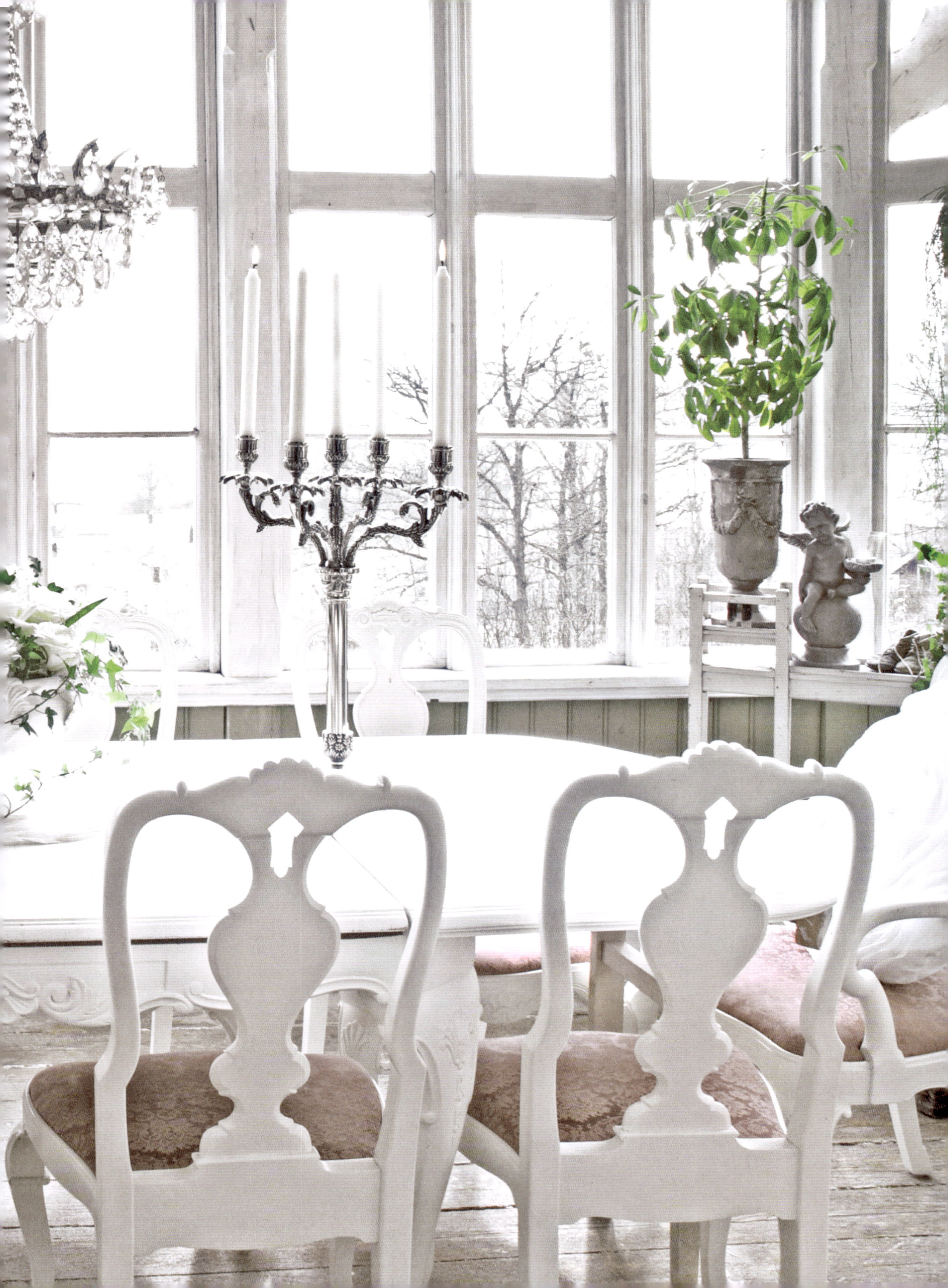

Winterlicht

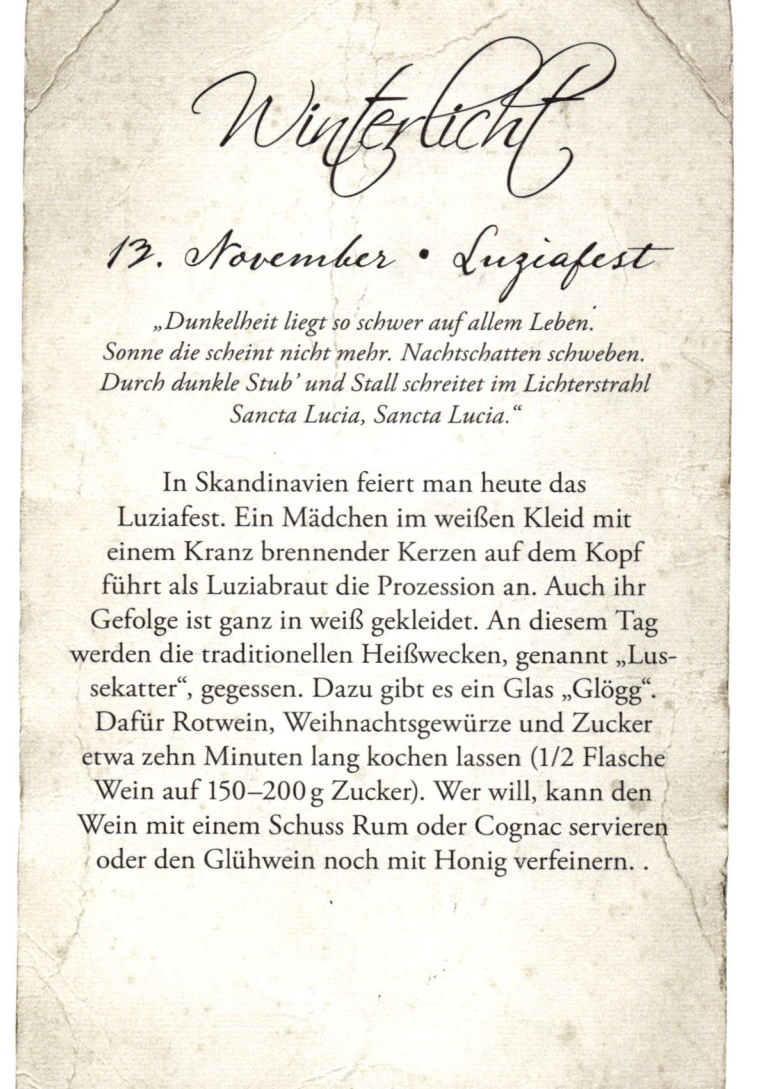

13. November • Luziafest

*„Dunkelheit liegt so schwer auf allem Leben.
Sonne die scheint nicht mehr. Nachtschatten schweben.
Durch dunkle Stub' und Stall schreitet im Lichterstrahl
Sancta Lucia, Sancta Lucia."*

In Skandinavien feiert man heute das Luziafest. Ein Mädchen im weißen Kleid mit einem Kranz brennender Kerzen auf dem Kopf führt als Luziabraut die Prozession an. Auch ihr Gefolge ist ganz in weiß gekleidet. An diesem Tag werden die traditionellen Heißwecken, genannt „Lussekatter", gegessen. Dazu gibt es ein Glas „Glögg". Dafür Rotwein, Weihnachtsgewürze und Zucker etwa zehn Minuten lang kochen lassen (1/2 Flasche Wein auf 150–200 g Zucker). Wer will, kann den Wein mit einem Schuss Rum oder Cognac servieren oder den Glühwein noch mit Honig verfeinern.

GOD JUL VINTERMYS X-MAS

God Jul

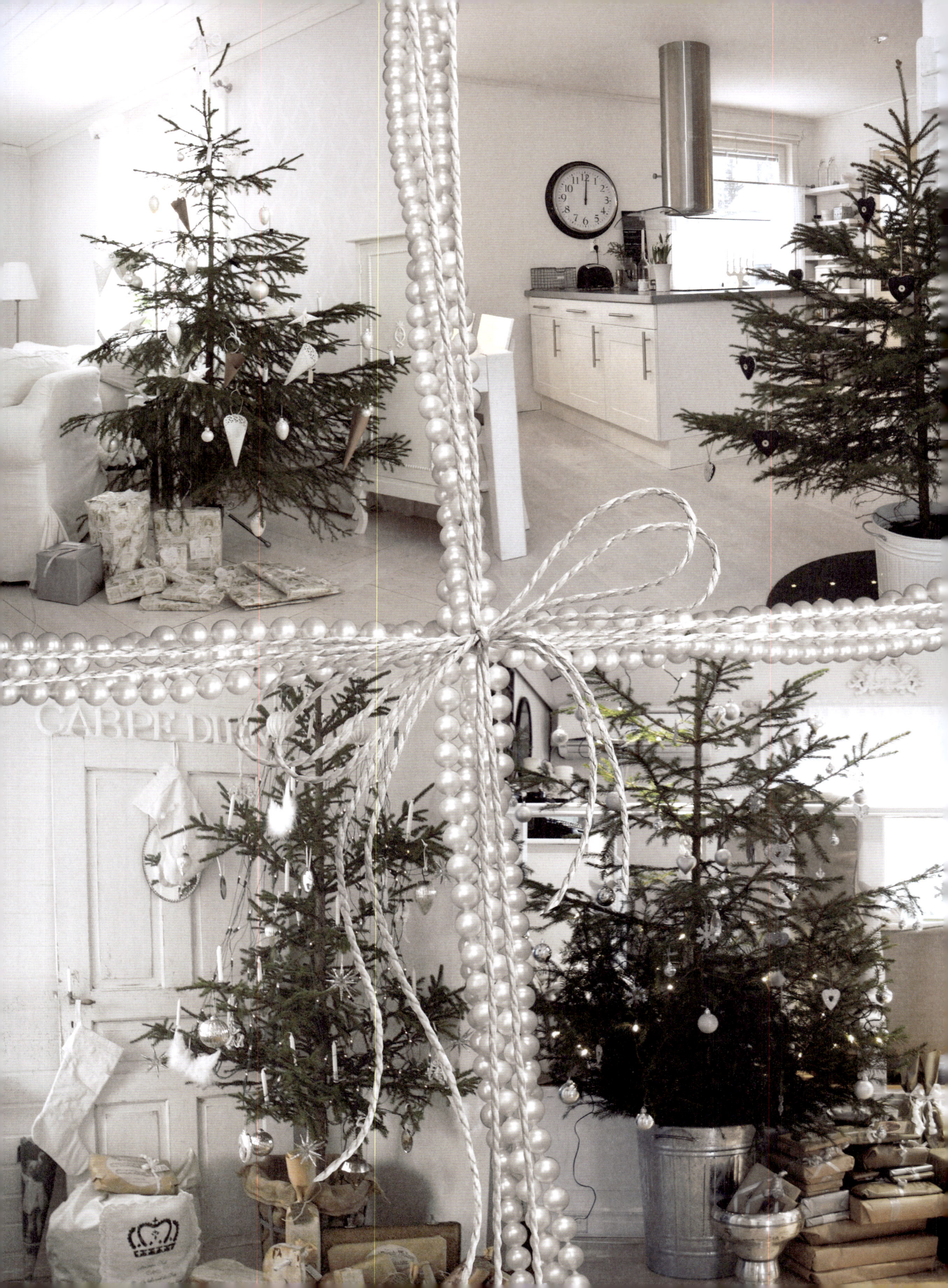

Weihnachts-juwel

Es geht doch nichts über den Tannenduft eines Weihnachtsbaums!

Kidsroom
Poivre
trié sur le
CHATEAU
La Fayette
PARIS, FRANCE

24. Dezember • Heiligabend

Heiligabend ist das große Fest der Familie und der Liebe. Da trifft man sich nachmittags zum Gottesdienst und zum Krippenspiel und hinterher wird der Christbaum angezündet. Vielerorts kommt dann der Weihnachtsmann, oft in Begleitung seines treuen Dieners Knecht Ruprecht, und bringt seine Gaben – oder er hat sie heimlich unter den Christbaum gelegt, während die Familie in der Kirche war. Kommt der Weihnachtsmann persönlich, freut er sich über ein Lied oder ein Weihnachtsgedicht, das die Kinder vorher eifrig eingeübt haben.

Beschwipste Feigen „Noël"

Für 10–12 Portionen:
500g getrocknete Feigen, 1 Flasche Rotwein,
1 Thymianzweig, 3–4 Gewürznelken, 3 EL Honig,
3 EL Orangenmarmelade, ½ Döschen Safran.

Die Feigen spülen und mit dem Thymian, den Gewürznelken und dem Honig in eine Kasserolle mit Deckel geben. Mit dem Großteil des Weins übergießen und eine Stunde auf niedriger Kochstufe ziehen lassen. Dann die Feigen vorsichtig mit einer Schaumkelle herausheben und den Deckel weglegen. Die Flüssigkeit mit der Orangenmarmelade verrühren und zu Sirup einkochen lassen. Mit Safran abschmecken und die Feigen damit übergießen. Abgekühlt mit leicht geschlagener Sahne servieren.

Fröhliche Weihnachten!

Schwedisch:
„God jul och gott nytt år!"
Französisch:
„Joyeux Noël et Bonne Année!"
Finnisch:
„Hyvää Joulua or Hauskaa Joulua Onnellista Uutta Vuotta!"
Russisch:
„Pozdrevlyayu s prazdnikom Rozhdestva is Novim Godom!"
Isländisch:
„Gleðileg Jól og farsælt komandi ár!"
Niederländisch:
„Vrolijk Kerstfeest en een gelukkig Nieuwjaar!"
Hebräisch:
„Mo'adim Lesimkha. Shana tova!"
Italienisch:
„Buon Natale e felice Anno Nuovo!"
Japanisch:
„Shinnen omedeto. Kurisumaso omedeto!"
Chinesisch:
„Kung His Hsin Nien bing. Chu Shen Tan!"

31. Dezember • Silvester

Obwohl der Jahreswechsel in verschiedenen Kulturen zu verschiedenen Zeiten gefeiert wird, ist er stets eine magische Zeit. Es werden gute Vorsätze fürs neue Jahr formuliert, Altes wird abgeschlossen und neue Unternehmungen werden auf das neue Jahr verschoben. Nach altem Brauch wird noch heute oft am Silvesterabend Blei gegossen, um zu erfahren, was das neue Jahr bringen wird.
Silvester wird oft im Kreise von Freunden oder der Familie gefeiert. Meist wird an diesem Abend ein traditionelles Menü zubereitet, das aber von Region zu Region sehr verschieden ist. Doch ganz egal, was dabei auf den Tisch kommt: Der Ausklang des Jahres sollte stilvoll begangen werden. Und dabei darf an diesem Abend eines auf keinen Fall fehlen: Ein Gläschen Sekt oder Champagner, um Schlag zwölf Uhr auf das neue Jahr anzustoßen!

Vorspeise für 6 Personen
Fenchelsalat mit frischen Feigen und Ziegenkäse

2 Fenchelknollen, 6 frische Feigen, 250 g Ziegenkäse in kleinen Würfeln, 50 ml Olivenöl, 3 EL flüssiger Honig, Salz und Pfeffer

Den Fenchel waschen, in dünne Scheiben schneiden und auf einer Salatplatte anrichten. Die Feigen in schmale Schnitze zerteilen und auf dem Fenchel anrichten. Zuletzt den Ziegenkäse darüber streuen und nach Geschmack würzen. Öl, Honig, Salz und Pfeffer leicht erwärmen und über den Salat träufeln. Mit frischem Brot servieren.

Hauptgericht für 6 Personen
Tausend und eine Nacht

900 g Schweinefilet, 5 EL süße Chilisauce, 2 EL Honig, 3 Knoblauchzehen, abgeriebene Schale von 2 unbehandelten Orangen, grobes Salz, frisch gemahlener schwarzer Pfeffer, 600 g Reisnudeln, 5 Orangen, 4 Blutorangen, 300 g Rauke, 100 g Mandelsplitter, 100 g Walnüsse, 500 g Halloumikäse, Olivenöl

Chilisauce, Honig, zerdrückten Knoblauch und Apfelsinenschale gut verrühren und das Fleisch darin marinieren. Mit Salz und Pfeffer abschmecken. Die Pasta in Salzwasser gar kochen und mit kaltem Wasser abschrecken. Die Orangen schälen und in Scheiben schneiden. Pasta, Orangenscheiben und Rauke in einer großen Salatschüssel mischen. Das Filet auf mittlerer Hitze anbraten und im 175 °C heißen Ofen 10–15 Minuten garen. Mandelsplitter und Walnüsse in einer trockenen Pfanne mit etwas Salz rösten. Den Käse in Scheiben schneiden und kurz in dem Olivenöl braten. Auf den Salat geben, dann das Fleisch in Scheiben schneiden, auf den Käse geben und mit den gerösteten Nüssen betreuen. Salzen, pfeffern und mit etwas Olivenöl beträufeln. Mit Kuskus oder Reis als Beilage servieren.

Neujahrsbrunch

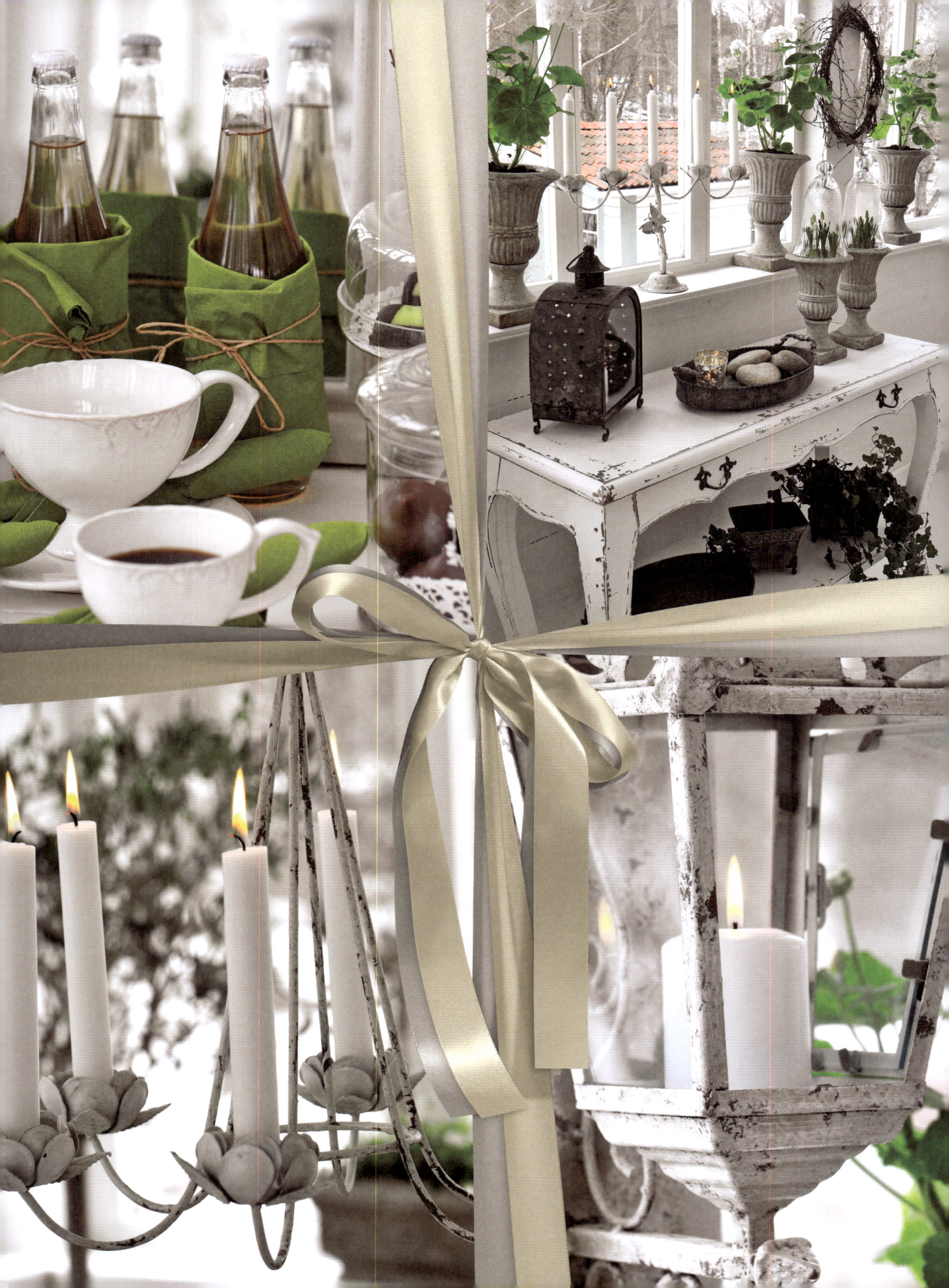

Prost Neujahr!

Das alte Jahr nähert sich dem Ende und ein neues Jahr mit neuen Erlebnissen und Ereignissen steht vor der Tür. Heißen wir das neue Jahr willkommen! Erheben wir das Glas beim zwölften Glockenschlag und sehen dabei den Raketen zu, wie sie am Nachthimmel emporsteigen. Stoßen wir an auf das neue Jahr und darauf, dass wir einander haben!

Es muss nicht nur Champagner sein. Bei www.drinksecrets.com gibt's traumhafte Cocktailrezepte!

Glückskekse

Für ca. 20 Stück:
80 g Butter, 100 g Mehl, 120 g Puderzucker, 3 Eiweiß, 1 EL Maizena, 1 TL Vanillezucker

Den Ofen auf 175 °C vorheizen. 20 schmale, höchstens 8 cm lange Zettel beschriften. Die Butter zerlassen und abkühlen lassen. Mehl, Puderzucker und Eiweiß zu einer glatten, nicht zu lockeren Masse verrühren, dann Maizena, Vanillezucker und Butter zugeben. Einen Esslöffel des Teigs auf einem Backblech mit Teflonboden zu einem etwa 7–8 cm großen Kreis ausstreichen. Nicht mehr als 1–2 Kekse zugleich backen. Wenn sich die Kekse an den Rändern leicht hellbraun zu färben beginnen (nach etwa 4–5 Minuten), sind sie fertig gebacken. Nun muss es schnell gehen: Ein Küchenhandtuch in eine Hand nehmen. Den Keks mit einem Teigheber mit der Oberseite nach unten auf das Handtuch legen. Einen Zettel in die Mitte legen und den Keks mithilfe des Handtuchs in der Mitte zusammenfalten. Dann über einem Schüsselrand noch einmal quer zusammenfalten und zum Abkühlen in einen leeren Eierkarton legen. Der abgekühlte Keks wird seine Form behalten.

Mehr Spaß mit Glückskeksen gibt es bei www.dein-glueckskeks.de

Baiser mit Joghurt und Rosenwasser

Für 4–6 Portionen:
3 Eiweiß, 1 ml Essiggeist (12%), 200 g Zucker, 25 g geröstete Mandelsplitter, 400 ml griechischer Joghurt, 1 EL Vanillezucker, 1 EL Rosenwasser, 100 g Pistazien, frische Rosenblätter zum Dekorieren

Eiweiß sehr steif schlagen, dabei Essiggeist und Zucker zugeben. Die gerösteten Mandeln unterheben. Den Baiserteig auf einem mit Backpapier ausgelegten Backblech zu einem runden Fladen mit etwa 20 cm Durchmesser ausstreichen. Auf der mittleren Schiene bei 100 °C etwa zwei Stunden backen, dann im Ofen auskühlen lassen. Vanillezucker und Rosenwasser unter den Joghurt rühren und auf dem Baiser verstreichen. Mit Pistazien und Rosenblättern garniert servieren.

Rosenwasser

Ein einfaches Rezept für ein mildes Rosenwasser, ideal für Desserts und Backwerk.

Frische Rosenblätter und Wasser

So wird's gemacht:
Die Rosenblätter fein hacken. Das Wasser aufkochen und über die Blätter gießen. Über Nacht stehen lassen, dann durch ein feuchtes, gut ausgewrungenes Küchenhandtuch oder durch einen Kaffeefilter abseihen. In eine saubere Flasche gießen und gut verschlossen im Kühlschrank aufbewahren.

Butik Östergården
Seite 90 und 91. Fotos: Helen Svanström

Floristmästarna
Seite 154 und 155. Fotos: Eva Olofsson

Heestrand Interiör
Seite 84, 167 und Skulptur auf Seite 119.
Fotos: Marita Telldèn

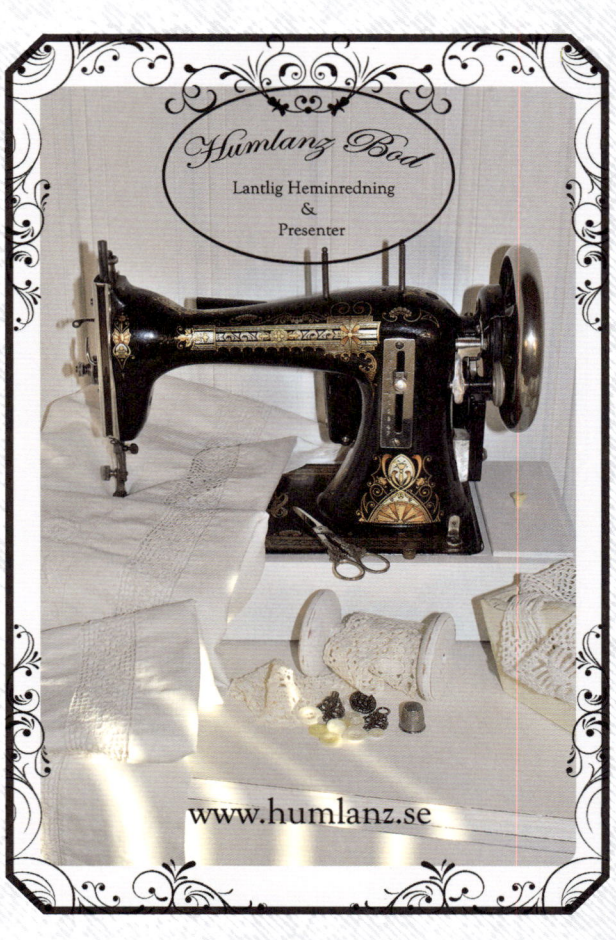

Humlanz Bod
Seite 134 und 135. Fotos: Ingela Broling & Petra Eriksson

Noll54
Seite 188, 189 und 190. Fotos: Edvard Gawor

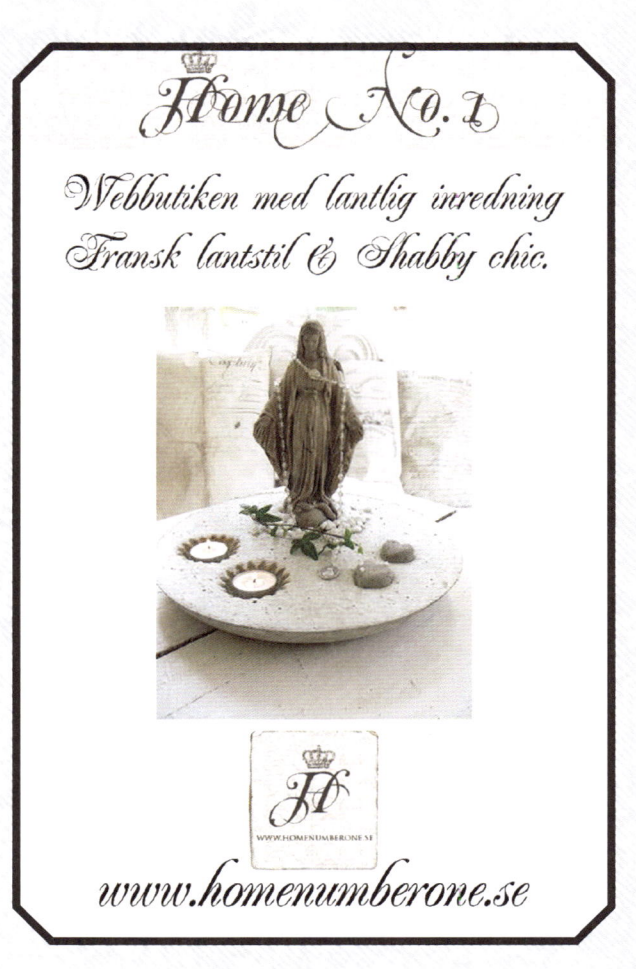

Home No. 1
Seite 132. Fotos: Ingela Broling & Petra Eriksson

Lundagård
Seite 73, 82 und Foto mit schwarzem Spiegel auf Seite 119.
Fotos: Aja Lund

Interiörboden
Seite 60. Foto: Sandra Östlind

Himlen runt hörnet
Seite 106–108. Fotos: Therese Vestberg

SussiLi
Seite 64, 65 und 97. Fotos: Magnus Grimmer

Små ting och Heminredning
Seite 70, 118 und Seite 120 ganz links.
Fotos: Katarina Heimdahl

Lantliv
Seite 57 und 78. Fotos: Louise Berglund

Wilda Hem
Seite 144, 156 und 165.
Fotos: Patrik Svedberg & Sara Landstedt

Talomaalla
Seite 66 und 67. Fotos: Ann-Christine Ström

Unik Kollektion
Seite 58 und Seite 50 ganz oben. Fotos: Malin Körner

Kallholmen
Seite 76 und 130. Fotos: Olle Thoors

Ett hus i vitt
Lantlig inredning för stora och små
Webbutik och Gårdsbutik i Sälgsjön, Gävle
www.etthusivitt.se

Ett hus i vitt
Seite 46, 69, 74 und 168. Fotos: Anette Östlund

Dreamhome
inredning & design

Ytterbyvägen 11
Kungälv
0303-133 14

Nött & Nytt
Danskt & Franskt
Lantligt & Härligt

Varmt Välkomna hälsar systrarna Dreamhome, Kristin och Anna.

www.systrarnadreamhome.blogspot.com

Dreamhome
Seite 114 und Seite 120 ganz links. Fotos: Systrarna Dreamhome

Faster Safiras Bod
www.fastersafirasbod.se
Gamla Ting & Nya Saker i Lantlig Stil

Faster Safiras Bod
Seite 186. Foto: Ingela Broling & Petra Eriksson

Nice
Seite 80 und 110. Fotos: Nina Forsström

Gårdsromantik
Seite 137 und 201. Fotos: Anna Truelssen & Maud Moritz

Lobelia
Seite 10, 160 und 161. Fotos: Wenche Lobelia Hjem

Tusen Ting
Seite 133 und 136. Fotos: Malin Dalén

197

Hem & Hav
Falsterbovägen 39   Höllviken   040 452311
www.hemohav.blogspot.com
www.hemohav.se

Hem & Hav
Seite 92. Foto: Sophia Breiler

Möbler
Små, stora, speciella,
egensinniga och vackra

BUTIK LANTHANDELN
www.butiklanthandeln.se
Tel: 070-508 60 19
046-15 19 02

Butik Lanthandeln
Seite 116 und 117. Fotos: Kennet Ruona

Cottage Rose
Falsterbovägen 62 236 51 Höllviken   Tel: 040-42 33 20

Cottage Rose
Seite 150. Foto: Martin Martinsson

Fröken Olsen
Östregatan 4
4836 Arendal
Norge

frokenolsensdrommer.blogspot.com

Fröken Olsen
Seite 130 und 131. Fotos: Viktor Rudi

Kärrstegens Gård
Seite 180 und 181. Fotos: Sören Reüter

Signes Gårdsbutik
Seite 105 oben und Seite 124 unten. Fotos: Matilda Bäcker

Mig & Alice
Seite 28 und 29. Fotos: Melinda Lindberg

Karin Linnea
Seite 111. Fotos: Eva-Lena Rääf

Home of Sisters
Seite 100 und 101. Fotos: Petra Eriksson & Ingela Broling

Butik Drängstugan
Seite 98. Fotos: Ingela Broling & Petra Eriksson

Vielen Dank!

Danke an Lars Thun für seine Hilfe mit Text, Art Direction und Layout sowie für seinen gesunden Humor. Dank auch an Mikael Sten und Daniel Hahne für die große Gastfreundschaft und gute Gesellschaft in einer arbeitsreichen Zeit. Unsere größte Dankbarkeit gilt unseren Familien für ihre Unterstützung und dafür, dass sie uns die Zeit gewährt haben, die so ein Buch einfach in Anspruch nimmt. Ein DICKER Kuss für Birgitta Hagberg, die beste Großmutter der Welt! Und unsere allerhöchste Wertschätzung all den Bloggerinnen, die uns dabei geholfen haben, „hell & zauberhaft" zu machen – ohne euch wäre es nicht möglich gewesen! Danke an Jessa und Yvonne, dass ihr die Türen eurer tollen Wohnungen für uns geöffnet habt. Ein Dank an Ingelas Arbeitskollegin Bia-Maria Johansson, die uns beim Backen geholfen hat. Und an Anna Eriksson für das Feedback zu den Texten. Danke an die Medien, die übrigen Bloggerinnen und Geschäfte, die uns geholfen haben, unser Buch zu vermarkten. Und nicht zuletzt danken wir Ihnen, liebe Leserinnen und Leser, dass Sie unser Buch gekauft haben. Wir hoffen, dass sie an „hell & zauberhaft" viel Freude haben werden!

Wir möchten uns an dieser Stelle mit einem besonderen Geschenk bei Ihnen bedanken – darum haben wir diesem Buch zu guter Letzt noch zwölf Seiten angefügt.

Blättern Sie um – der Spaß geht noch weiter!

Wir hatten so viel zusammengetragen, das wir Ihnen in diesem Buch mitteilen wollten, und mussten am Ende feststellen, dass der Platz dafür einfach nicht ausreichte. Was tun? fragten wir uns. Ganz einfach – wir hängen noch ein paar Seiten hinten an. Als ganz besonderen Dank an unsere treuen Leser!

P. S.: Lauschen Sie einmal tief in sich hinein und folgen Sie beherzt Ihren Träumen, denn das, was Sie in Ihrem Leben suchen, tragen Sie bereits in sich. Vergessen Sie alle Selbstzweifel – wer Freude und Wohlbefinden ausstrahlt, findet überall offene Türen vor!

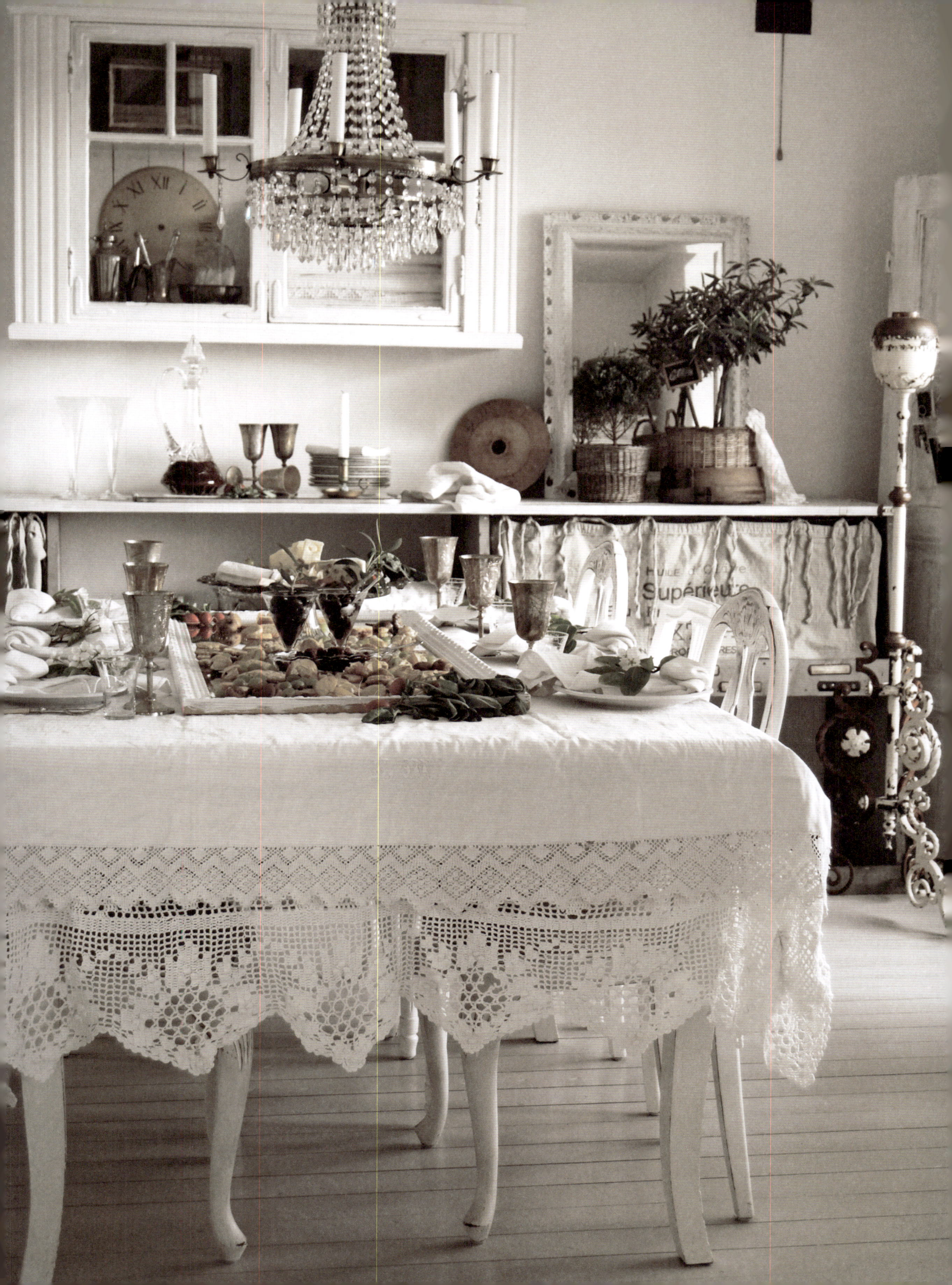

Weinprobe

Ein wunderbarer,
langer Abend
mit guten Freunden

Wo: In der isländischen Villa

Wann: 19.00 Uhr

Bitte bringt eine
Flasche Wein mit, den
wir bei leckerem Essen
probieren können!

Wir freuen uns!

Ein denkwürdiger Tag

Es war einmal ein Tag, ein ganz und gar einzigartiger Tag. Ein Tag voller Liebe und Sonnenschein, ein Hochzeitstag.

Ein Tag, der es wert war, mit Leib und Seele gefeiert zu werden.

Diesmal war es die Braut, die den Bräutigam überraschte, indem sie den festlichen Ort selbst liebevoll schmückte.

Sie wollte den Tag mit so viel Schönheit und Liebe erfüllen, wie sie nur irgend konnte. Sie schmückte den Garten, die Hochzeitslaube, band Kränze und Blumengestecke, hängte ihre Bilder dazu und bereitete ihm ein wohltuendes, nach Fichtennadeln und Jasmin duftendes Bad.

Und alles das in der freien Natur. Es war ein magischer Abend. Der Beginn einer dieser magischen Nächte, an die man sich sein Leben lang erinnert.

Kärleks bad med mat

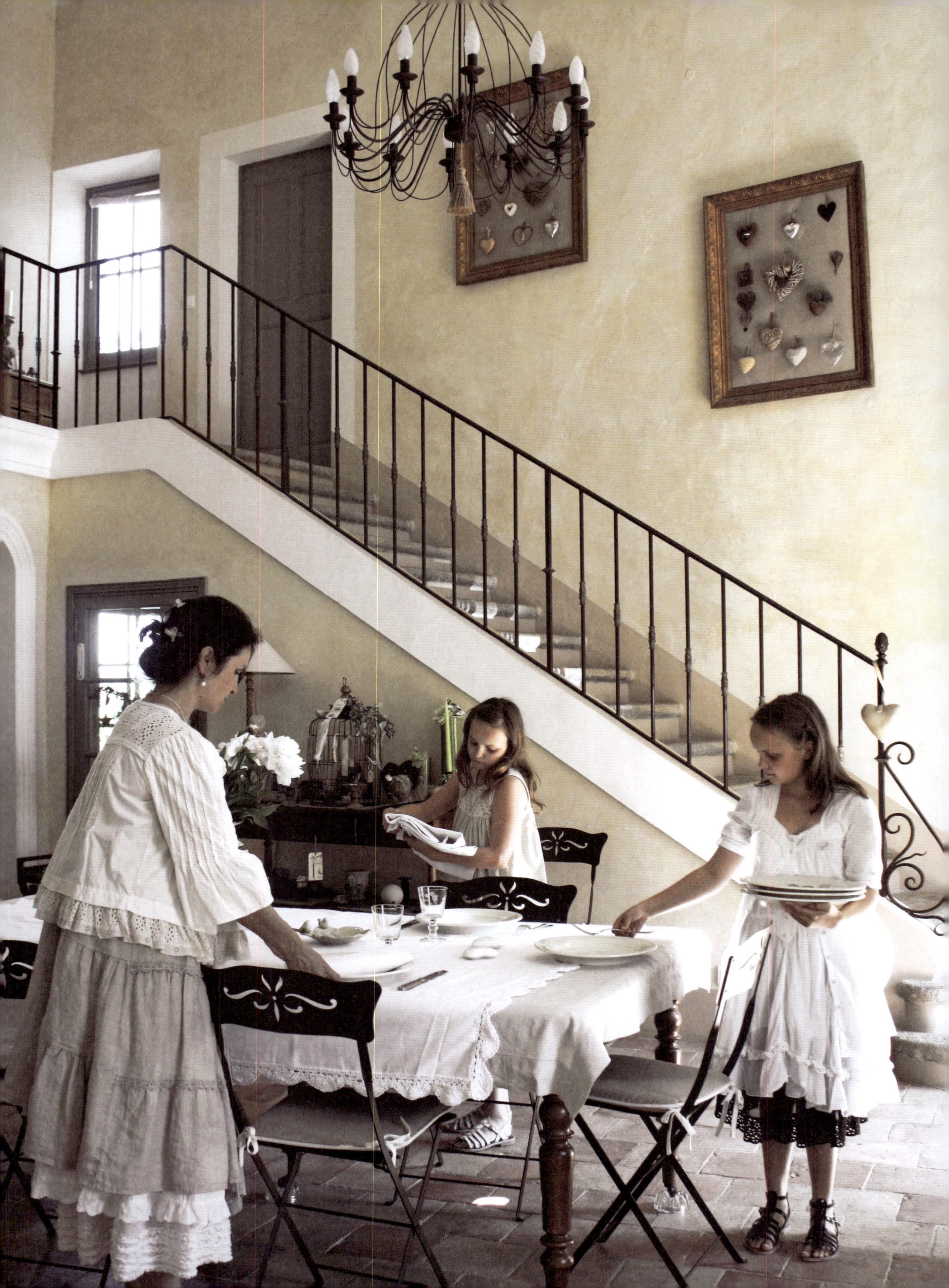

Ein Herz in der Provence

Laëtitia Rissetto hat sich in der Provence ihr Traumhaus geschaffen. Ihr Blog „Ett Hjärta i Provence – Un Cœur en Provence" sprüht nur so vor Romantik und Lebensfreude. Laëtitia und ihr Partner Philip haben das große Haus aus Naturstein, das einst das Lagerhaus eines Seidenhändlers war, sechs Jahre lang von Grund auf renoviert, damit es überhaupt bewohnbar war. Heute kann sich niemand, der sie besucht, mehr vorstellen, dass das alte Gemäuer einst völlig verfallen war. Nun ist es voller Leben und erfüllt vom Geiste der alten Zeit. Laëtitias Leidenschaft gilt nostalgischer, duftiger Kleidung, romantischer Formgebung und der Fotografie, für die ihr die ländliche Umgebung die schönsten Motive spendet. An den Wochenenden besucht Laëtitia die Flohmärkte in der Umgebung auf der Suche nach Kunst und Antiquitäten. Ein schönes und bequemes Zuhause ist für sie und ihren Partner sehr wichtig. Und besonders schön ist es, wenn das Mobiliar eine eigene Geschichte erzählen kann. Jeder einzelne Gegenstand in Laëtitias Zuhause war für sie ein Glücksfund und wurde mit Sorgfalt ausgewählt. Das Haus ist ganz mit den traditionellen Farben und Materialien der Provence eingerichtet: Naturstein, weiß gekalkte Wände und Bodenfliesen aus Terrakotta.

Laëtitias Einrichtungstipp: Im großen Hausflur hängt an den Wänden eine Sammlung von antiken Vogelbauern, die einen Hauch von Landleben und Natur ins Haus bringt. Duftseifen im Gästezimmer verbreiten Wohlgefühl.

**Laëtitias Blog: www.coeurenprovence.blogspot.com, englische Version: www.heartinprovence.blogspot.com
Mehr dazu in dem französischen Webmagazin www.e-magdeco.com**

Laëtitias Fotos finden Sie auf Seite 206–212.

C'est le ton qui fait la musique – der Ton macht die Musik.

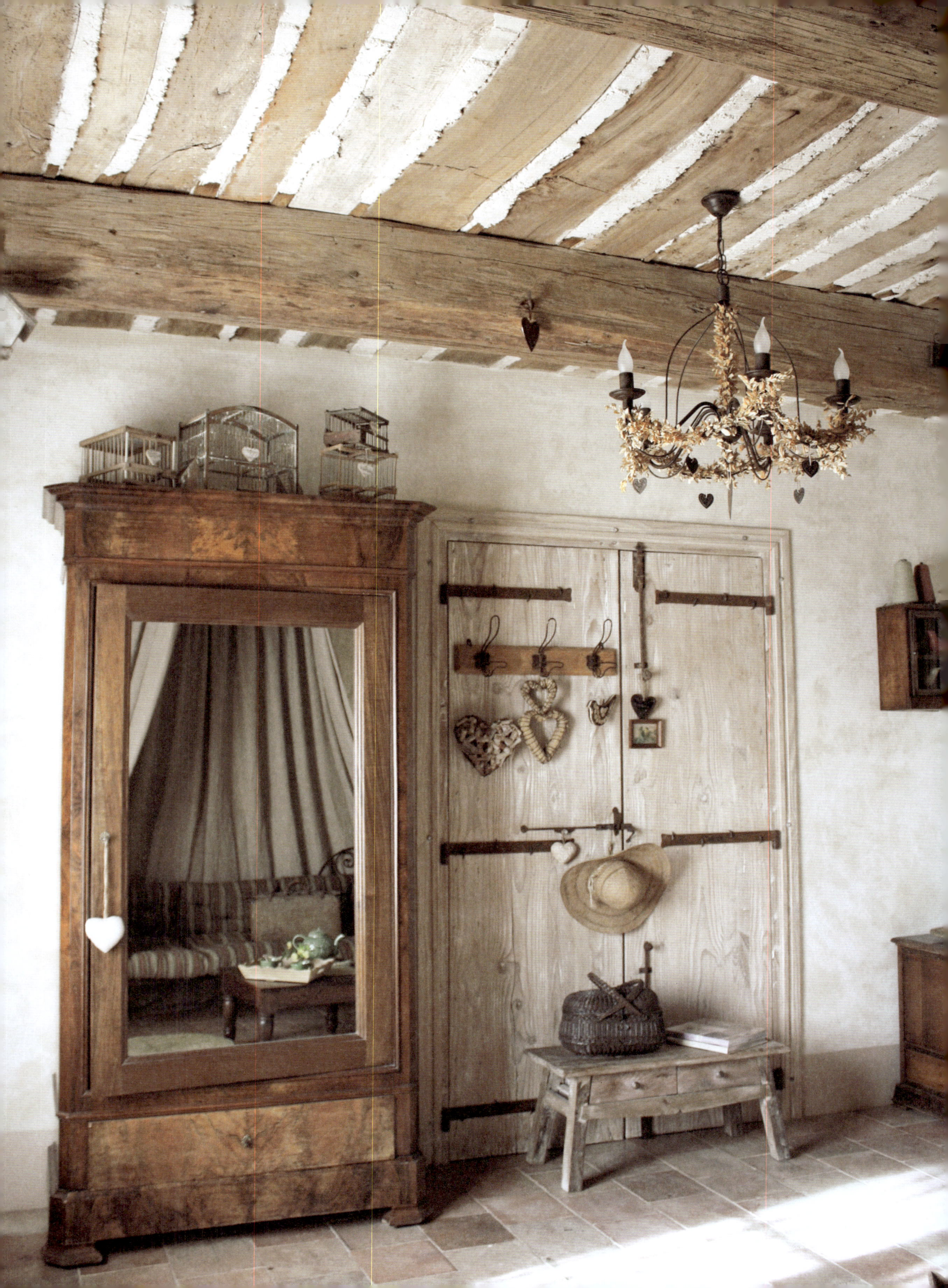

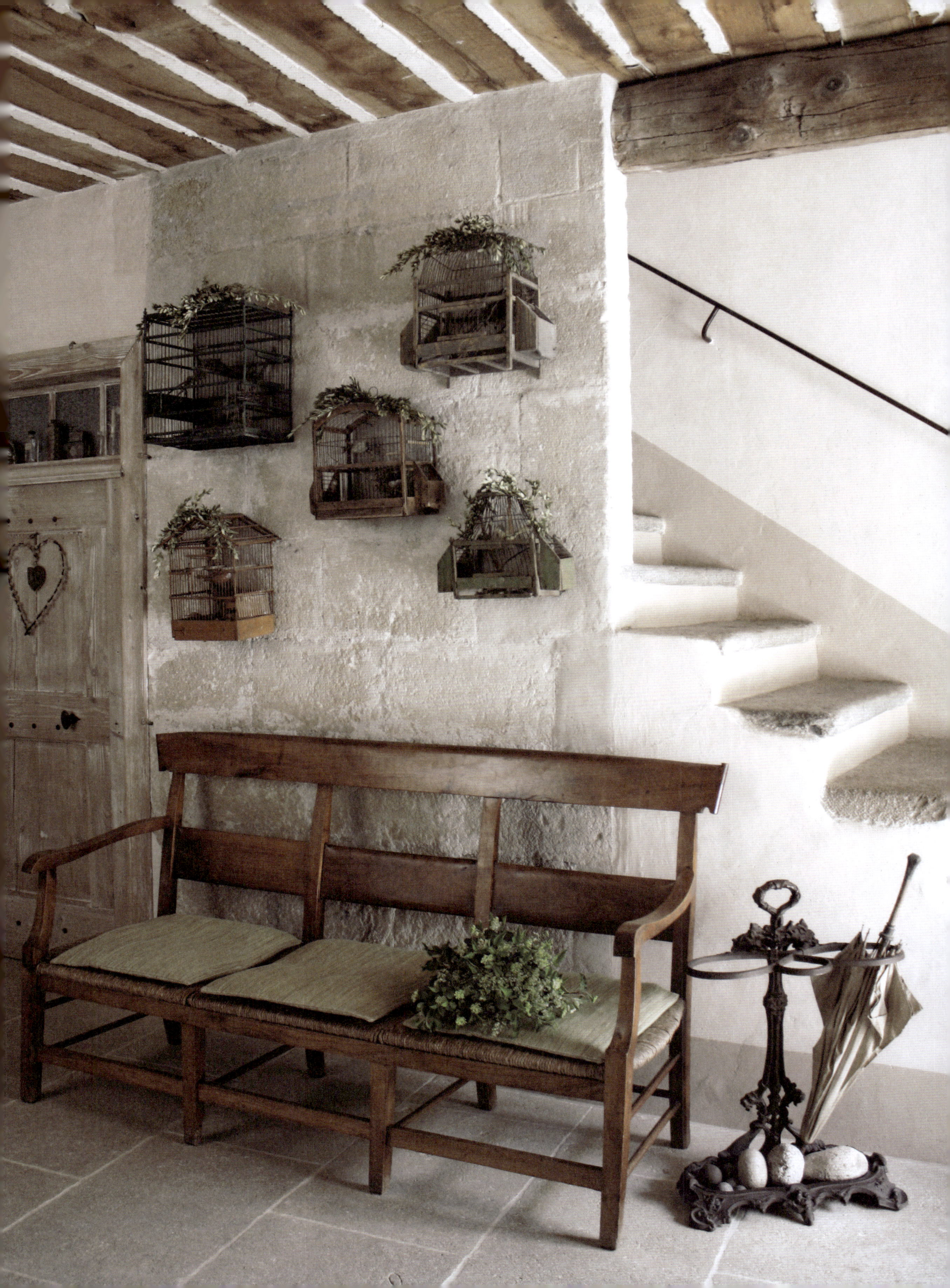

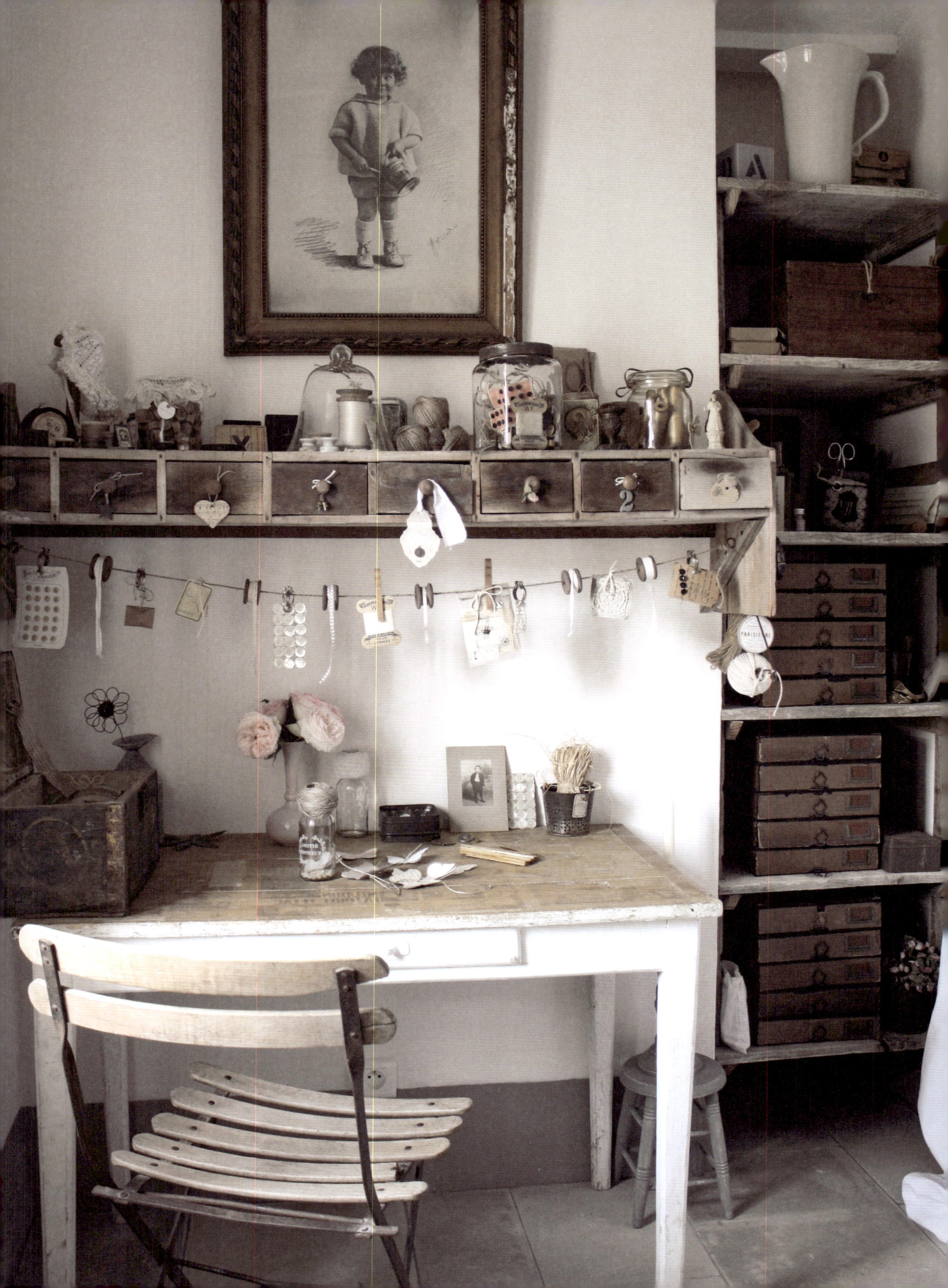

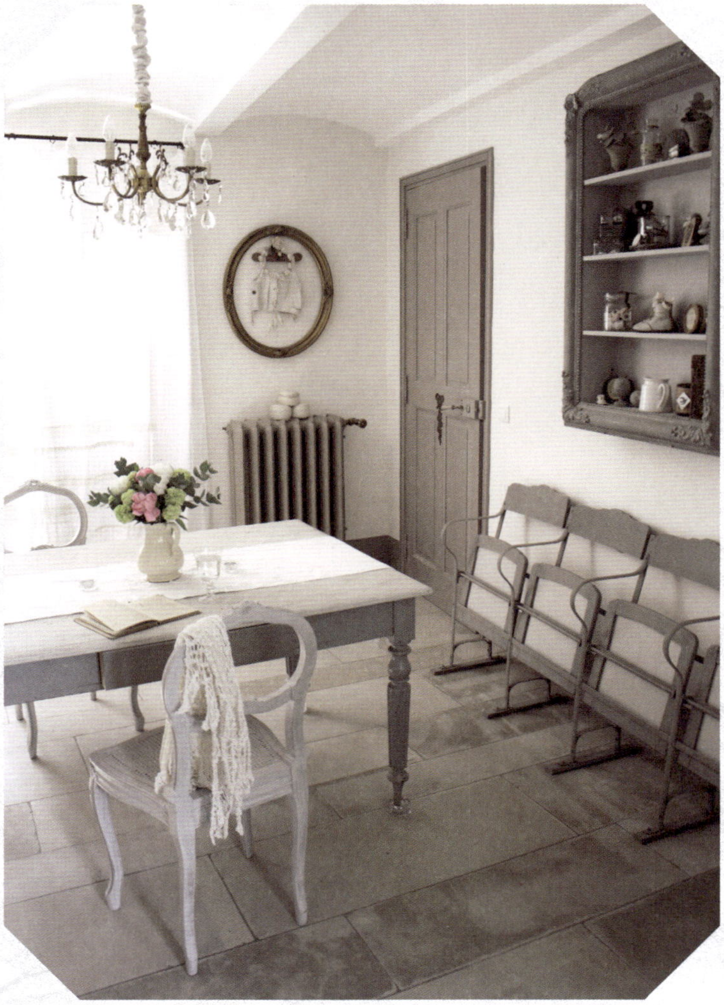
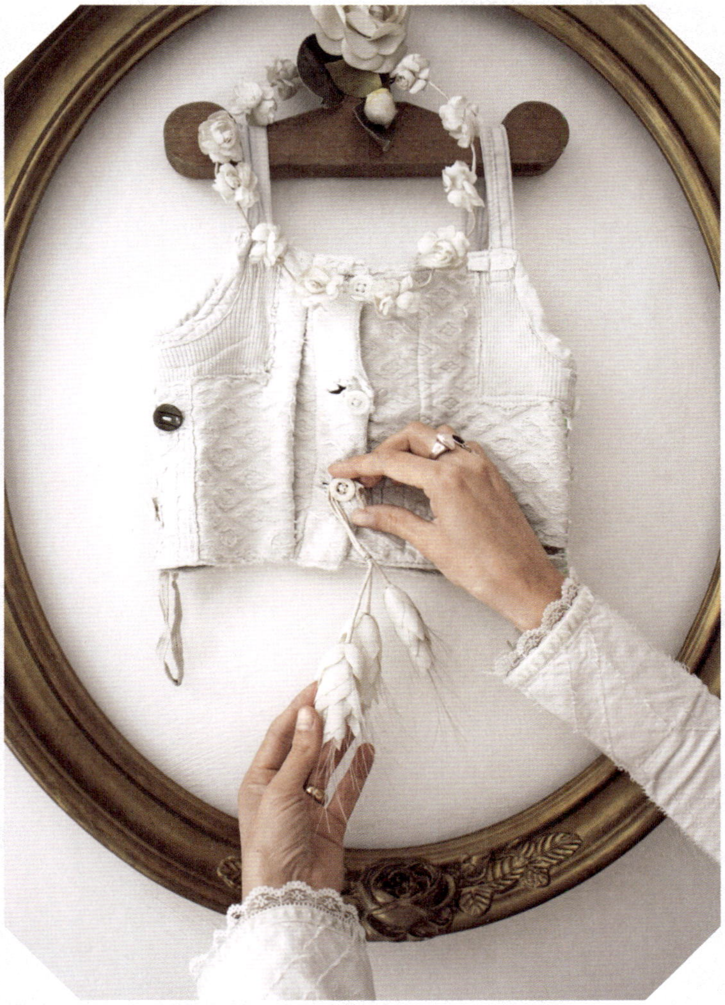
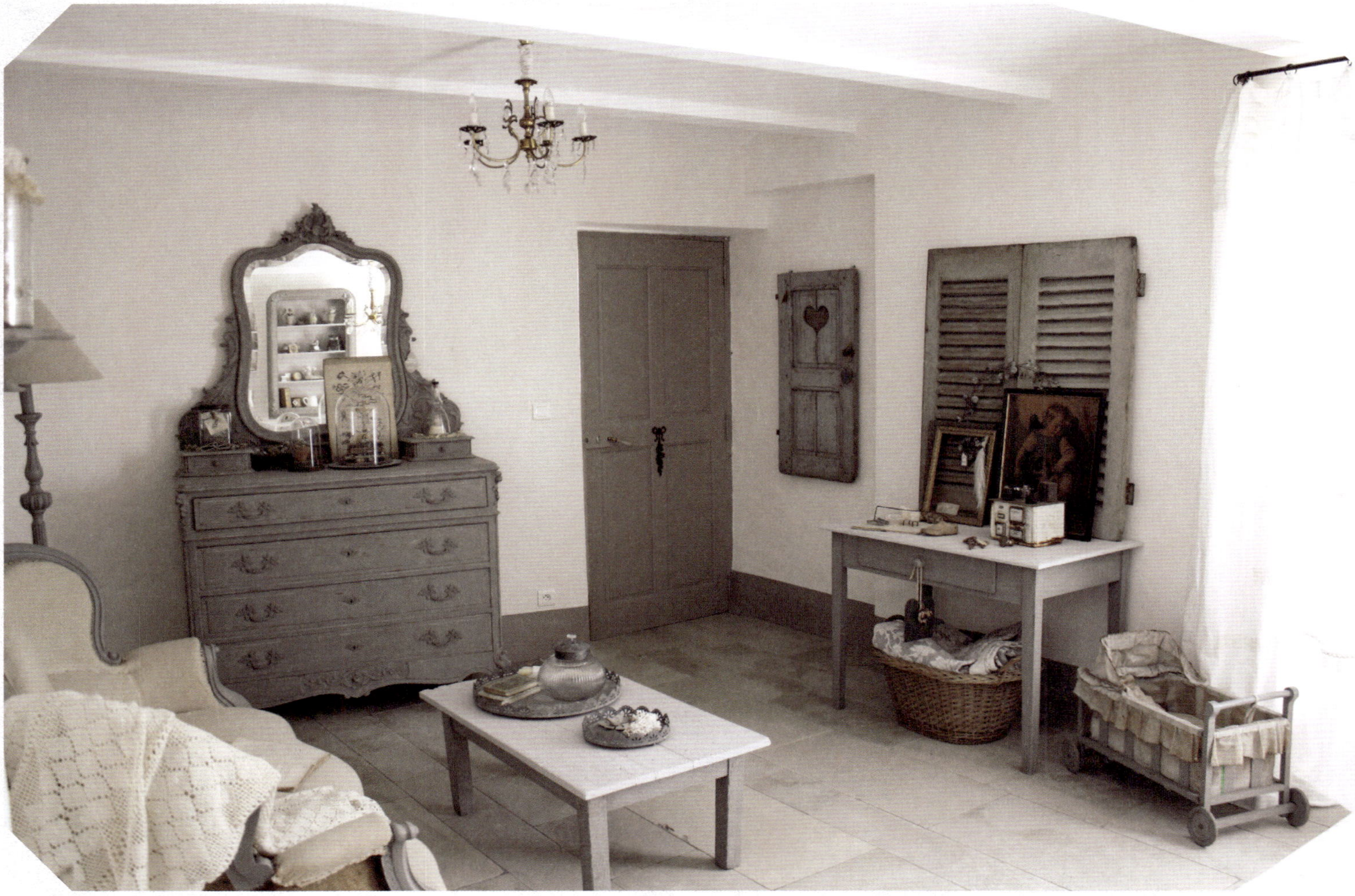